COURS D'ÉDUCATION

ET

D'INSTRUCTION PRIMAIRE

PAR

MME MARIE PAPE-CARPANTIER

Inspectrice générale des Salles d'asile, Directrice du Cours pratique

GRAMMAIRE

ACCOMPAGNÉE D'EXERCICES

LECTURES ET DICTÉES

Édition spéciale pour les filles

PARIS

LIBRAIRIE HACHETTE ET CIE

79, BOULEVARD SAINT-GERMAIN, 79

GRAMMAIRE

LECTURES ET DICTÉES

Typographie Lahure, rue de Fleurus, 9, à Paris.

GRAMMAIRE

ACCOMPAGNÉE D'EXERCICES

LECTURES ET DICTÉES

PAR

Mme MARIE PAPE-CARPANTIER

Inspectrice générale des Salles d'Asile, Directrice du Cours pratique

AVEC LA COLLABORATION D'UN LINGUISTE

PARIS

LIBRAIRIE HACHETTE ET Cie

79, BOULEVARD SAINT-GERMAIN, 79

—

1872

GRAMMAIRE.

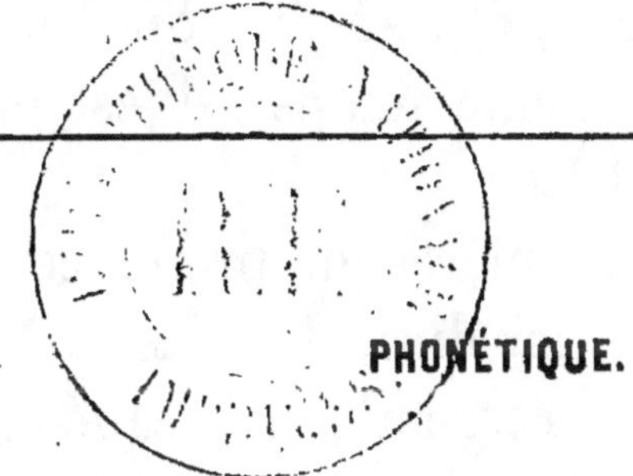

I. Les Voyelles.

Nous avons déjà appris, mes chers enfants, à connaître les sons et les articulations de votre voix : les *voyelles* et les *consonnes*, représentées par les *lettres-voyelles* et les *lettres-consonnes*. Il nous reste encore plusieurs choses intéressantes à observer sur ce sujet. Prenons d'abord les voyelles; mais remarquons uniquement les sons que l'oreille entend, et non les lettres qui représentent ces sons. Quand vous prononcez ces deux mots :

Patte — Pâte

remarquez-vous une différence dans la manière de prononcer le son **a** dans ces deux mots?

Dans le premier mot, on prononce le son **a** d'une manière *brève* c'est-à-dire rapide, comme un petit coup sec frappé sur un objet peu sonore : Patte. Dans le second mot, au contraire, le son **a** est *long*, c'est-à-dire qu'il dure plus longtemps; en même temps, il est plus doux, plus coulant : Pâte.

Il y a donc deux manières de prononcer le son **a**. Il y a, pour ainsi dire, deux **a**, frères l'un de l'autre. Ils se ressemblent beaucoup; mais pourtant, il y a entre eux une différence, facile à reconnaître en prononçant les mots suivants :

A *bref et sec*		A *long et doux*
ami	—	âme
masse	—	mât
mal	—	mâle
pal (*poteau*)	—	pâle
patrie	—	pâtre
agir	—	âge
rapine	—	râpe.
rame	—	râle.

Il faut vous habituer, mes enfants, à remarquer ces différences et à les faire sentir en parlant; cela est absolument nécessaire pour une bonne prononciation. Pour mieux vous en convaincre, prononcez en changeant le son de l'**a** :

Le patre — La pâtrie

Voyez quel effet étrange, inusité, produit cette erreur de prononciation !

Le son de l'**a** long et doux est souvent indiqué par un accent circonflexe; mais d'autres fois rien ne l'indique, et c'est l'habitude qui nous le fait reconnaître.

Prononçons maintenant les mots :

Poli — Pôle

Vous remarquez ici dans la prononciation de l'**o**, une différence semblable à celle que nous venons d'observer pour l'**a**. Il y a donc deux **o** frères l'un de l'autre, comme il y a deux **a**; l'un bref et sec, comme dans *poli;* l'autre doux et long, comme dans *pôle*. Vous reconnaîtrez la même différence dans les mots suivants :

O *bref et sec*		O *long et doux*
Roc	—	Rôti
Cotte (de mailles)	—	Côte
Hotte	—	Hôte
Rosse	—	Rose

Comme nous ne nous occupons ici que des sons entendus, et que la réunion des deux lettres **a u** se prononce **o**, nous pouvons opposer

encore les sons contenus dans les mots suivants :

O *bref et sec*		O *long et doux*
Sol	—	Saule
Pot	—	Peau
Sot	—	Seau
Botté	—	Beauté

Le son **i** nous montrera les mêmes différences.
Il y a aussi l'**i** bref et l'**i** long. La différence est
peut-être un peu moins sensible; mais, en y faisant attention, vous la sentirez dans les mots
que voici :

I *bref*		I *long*
il (*pronom*)	—	île

Prononcez encore ceux-ci :

I *bref et sec*		I *long et doux*
Lime	—	Dîme [1]
Cime	—	Abîme
Pipe	—	Pire
Si	—	Sire
Lit	—	Lyre

L'**y** de ce dernier mot ne vous étonnera pas,

1. Expliquez la signification de ce mot, contracté pour
décime (décima).

puisque nous comparons les sons sans nous préoccuper des lettres.

Y a-t-il aussi deux manières de prononcer le son **ou**? Voyez plutôt vous-mêmes. Quand vous dites : la *route*, la *croûte*, prononcez-vous le son **ou** de la même manière? Non. Disons donc qu'il y a deux manières de prononcer le son **ou** l'une brève, l'autre longue ; et exercez-vous à prononcer les mots suivants :

OU *bref et sec*		OU *long et doux*
Vous	—	Voûte
Mousse	—	Moudre
Le bout	—	La boue
Tout	—	Moue
Poule	—	Poudre

Et le son **u**? Y a-t-il une différence entre le son **u** du mot *butte* et celui du mot *flûte*? Prononcez ces deux mots en écoutant ; vous reconnaîtrez qu'il y a là deux manières de prononcer la voyelle. L'**u** est bref dans *butte* et long dans *flûte*. Vous ferez sentir cette différence dans les mots suivants :

U *bref et sec*		U *long et doux*
Un russe	—	Une ruse
La durée	—	Dur

La fumée   —   Nous fûmes attentifs
Chut!   —   Une chûte.
La lutte   —   Un mur

Vous savez déjà que la lettre **e** représente des sons différents, selon qu'elle a ou non un accent. En outre le son de l'**e** dans le mot *et*, n'est pas absolument semblable à celui du mot *est*; quelle est donc la différence?

Prononcez successivement *et*, *est*; et vous remarquerez que l'**e** du premier mot est plus bref, et l'**e** du second plus long et plus doux. Vous ferez la même différence de prononciation entre les mots suivants :

È *bref et sec*		È *long et doux*
Tel '	—	Tête
Bec	—	Bête
Sec	—	Être
Sel	—	Mer
Messe	—	Mère

Et comme on représente quelquefois les mêmes sons par les deux lettres **ai** ou **ei**, nous comparerons également les sons des mots que voici, sans tenir compte de l'écriture :

1. Voir le *Manuel* pour l'influence de l'articulation qui le suit sur l'e sans accent

È *bref*		È *long*
Laitue	—	Laise
Peigne	—	Paix
Laine	—	L'air
Un fait	—	Faire

On met quelquefois l'accent grave ou l'accent circonflexe sur l'**e** pour marquer que la voyelle doit être longue et douce; mais le plus souvent on n'en met pas, et c'est l'usage qui indique la prononciation.

Enfin, mes enfants, prononcez de suite ces deux mots :

Seul — Sœur

Et vous verrez que vous avez là encore un son **eu** prononcé avec deux nuances différentes : bref et sec dans *seule*, long et doux dans *sœur*. Comparez également :

Tilleul	—	Heure
Gueule	—	Fleur

En prononçant les mots : *te, se, me, le*, vous reconnaîtrez que l'**e** sans accent représente dans ces mots et dans beaucoup d'autres, le son **eu** bref et sec. Pour en juger, vous n'avez qu'à prononcer, en les comparant, les mots :

Se — Seul

Nous mettrons donc encore en opposition :

EU *bref*		EU *long*
Le	—	Leur
Me	—	Beurre
Que	—	Cœur
Te	—	Peur

Nous en avons fini avec les sons qui ont deux prononciations différentes. Il ne nous reste plus qu'à citer le son **é**, tel que vous le prononcez, à la fin des mots :

Aimé	—	Coulé
Jeté	—	Marché

Puis le son **eu** tel que vous le prononcez dans les mots :

Jeu	—	Deux
Feu	—	Pâteux

Enfin, les quatre voyelles nasales que vous connaissez déjà : **an, in, on, un.**

Pour nous rappeler ces différents sons, faisons-en une liste. Nous figurerons chacun des sons par la lettre qui sert le plus souvent à le représenter, sans oublier toutefois qu'il s'agit des sons et non des lettres.

Nous avons trouvé sept paires de voyelles

sœurs; écrivons-les en les plaçant aux deux extrémités d'une ligne :

	Brefs.		Longs.
1re paire	a	—	â
2e »	e	(jet)	ê
3e »	i	—	î
4e »	o	—	ô
5e »	ou	—	où
6e »	u	—	û
7e »	eu	(seul)	œu

Ajoutons-y :

é (aimé),   —   eu (jeu),

Et les nasales : **an**, **in**, **on**, **un**.

Et maintenant, comptons tous les sons que voici figurés; vous voyez qu'il y a dans notre langage vingt sons, vingt voyelles.

II. Les Consonnes explosives.

On appelle *consonnes* ou *articulations*, les différentes formes que notre bouche donne aux sons en les émettant; et *lettres consonnes* les lettres qui servent à représenter ces articulations. Oublions pour le moment les lettres, et ne nous occupons que des *articulations* produites par notre bouche.

Rappelez-vous d'abord comment vous faisiez, quand vous appreniez à lire, pour prononcer, par exemple, la syllabe **pa**. Au premier temps vous prépariez votre bouche à prononcer l'articulation **p**.... sans faire entendre aucun son; puis, prononçant le son **a**..., vous disiez : **pa**. Pour préparer l'articulation **p**..., que faites-vous? Vous fermez fortement vos lèvres, et en même temps vous poussez le souffle de vos poumons. Mais cet air ne peut pas sortir puisque les lèvres sont fermées. Ouvrez-les alors tout à coup, sans chercher à produire aucun son : l'air poussé s'échappe en produisant une légère explosion **p**.... Cette petite explosion, c'est la consonne **p**, que vous venez de prononcer sans aucune voyelle. Disons alors que la consonne **p** est une consonne *explosive*; et puisque c'est avec les lèvres que nous la produisons, nous dirons : la consonne **p** est une *explosive des lèvres*.

Articulez de même la consonne **b** sans l'accompagner d'une voyelle : vous trouverez que vous vous y prenez à peu près de la même manière que pour articuler **p**, mais l'explosion est moins forte. Comparez en prononçant successivement sans voyelle :

P..... — **B.....**

Et les mots :

Peau — Beau
Paris — Baril
Paul — Bol

Le **p** et le **b** sont donc deux consonnes explosives des lèvres; **p** est la consonne *forte*, **b** est la consonne douce; **p** et **b** font une *paire* de consonnes sœurs.

Prononcez de même, c'est-à-dire sans voyelle, les deux consonnes :

T — **D**

Examinez ce que vous faites quand vous les prononcez. Vous poussez l'air de vos poumons, et vous le tenez arrêté dans votre bouche; puis tout à coup vous le laissez sortir, et il se produit encore une légère explosion. Seulement ce ne sont plus vos lèvres qui arrêtent le souffle et le laissent échapper : c'est votre langue pressée contre vos dents. A cause de cela on appelle ces consonnes les *explosives des dents*. **t** et **d** font une seconde paire de consonnes sœurs : **t** est la forte, **d** est la douce. Comparez encore :

T... — D..,

et remarquez la différence dans les mots suivants :

Tu	—	Du
Tir	—	Dire
Tort	—	Dors
Tôt	—	Dos

Préparez les deux consonnes **k....** et **g....**[1], et tâchez de les faire entendre sans voyelles. Vous verrez que ces deux consonnes font encore une explosion ; mais cette fois, l'explosion est produite dans votre gosier. Pour **k** le bruit est plus sec, pour **g** il est plus doux, comme vous l'observerez en prononçant les mots que voici :

Cou	—	Goût
Écu	—	Aigu
Qui	—	Gui
Courte	—	Gourde

Souvenez-vous bien que nous nous occupons de

---

1. Gue. — G dur.

l'effet de la consonne et non de la lettre qui la représente. Disons donc que **k** et **g**, *explosives du gosier*, sont une troisième paire de consonnes sœurs.

En tout six consonnes qui produisent une petite explosion :

1° Une paire d'explosives des lèvres :

la forte **p** et la douce **b**;

2° Une paire d'explosives des dents :

la forte **t** et la douce **d** ;

3° Une paire d'explosives du gosier :

la forte **k**, et la douce **g**.

III. Les Consonnes soufflantes.

Il y a longtemps déjà, vous en souvenez-vous, mes enfants? que nous comparions le bruit de la consonne **s**.... au sifflement du serpent. Pour imiter ce sifflement aussi fort et aussi longtemps que vous voudrez, vous n'avez qu'à rapprocher votre langue de vos dents, et faire passer votre souffle entre elles. De même pour la consonne **z**.... Seulement l'effet de la consonne **s** est fort;

celui de la consonne **z** est plus doux, comme vous pouvez vous en apercevoir en prononçant successivement les mots :

Selle — Zèle
Serre — Zéro

Et puisque la lettre **c** placée devant l'*e* et l'*i* représente la consonne **s**, comparons la prononciation des mots suivants, sans nous préoccuper de l'écriture :

Cèdre — Zèbre
Cinq — Zinc

Nous avons donc encore deux consonnes sœurs dont l'effet est un souffle passant entre les dents ; nous les appellerons pour cette raison les deux *soufflantes des dents* : la forte **s** et la douce **z**. Comparons de même les mots où la lettre **s**.... doit être prononcée comme la consonne **z**.... aux mots ou elle se prononce avec le sifflement fort :

S *fort* — S *doux* (Z)
Lis — Lise
Son — Tison
Sage — Visage
Basse — Base
Coussin — Cousin

Prononcez maintenant les deux consonnes **f**.... **v**.... en prolongeant votre souffle sans émettre aucune voyelle. Pour faire entendre ces consonnes que faites-vous? Vous appuyez presque vos dents supérieures sur votre lèvre inférieure, et vous soufflez l'air par le petit intervalle laissé entre elles. Il faut souffler plus fort pour la consonne **f**, et plus doucement pour la consonne **v**; vous pouvez l'observer en prononçant les mots :

Fer	—	Ver
Folle	—	Vol
Fil	—	Vil
Neuf	—	Neuve
Vif	—	Vive
Phare	—	Avare

Dans le mot : *phare*, l'articulation **f** est représentée par la réunion des deux lettres **ph**; mais peu importe, c'est toujours la même articulation.

La consonne forte **f**, et la consonne douce **v**, forment une autre paire de consonnes sœurs, la paire des *soufflantes des lèvres*.

Faites entendre les deux consonnes **ch**.... **j**.... La première, quoique représentée par deux lettres, n'est pour l'oreille qu'une consonne simple. Vous observerez que ces deux consonnes sont produites par l'air poussé à travers un étroit passage laissé entre votre langue et votre palais. Elles forment encore une paire de consonnes : la forte est **ch** et la douce est **j**; vous pouvez le reconnaître en prononçant ces mots :

Chatte	—	Jatte
Choix	—	Joie
Chou	—	Joue
Chant	—	Jean
Chêne	—	Gêne
Chenet	—	Genêt

Il y a donc, vous le voyez mes enfants, six consonnes soufflantes disposées par paires, comme les explosives. Mettons-les en ordre :

1re paire, soufflantes des lèvres :

forte **f** et douce **v**....

2e paire, soufflantes des dents :

forte **s** et douce **z**....

3e paire, soufflantes du palais :

forte **ch**.... douce **j**....

IV. Les Consonnes nasales.

Maintenant prononçons l'articulation **m**.... en la prolongeant le plus longtemps possible; n'entendez-vous pas un petit murmure sourd? Pour le produire que faites-vous? Vous fermez exactement les lèvres, et votre souffle sort par le nez avec un léger bourdonnement : **m**.... En sorte que si vous aviez le nez bouché, il vous serait impossible de prononcer la consonne **m** ni aucun des mots où elle se trouve :

Maman   —   Murmure
Homme   —   Femme

Disons donc que la consonne **m** est une consonne *nasale*.

Si vous faites entendre la consonne **n**, vous reconnaîtrez qu'elle se forme de la même manière; seulement, ce ne sont plus vos lèvres fermées qui arrêtent l'air dans votre bouche et le forcent à sortir par votre nez, c'est votre langue pressée contre vos dents. Ceci vous explique pourquoi, quand vous êtes enrhumés et que vous avez les conduits du nez obstrués, il vous

est impossible de prononcer nettement les mots
où il y a des **n**, tels que :

Nul   —   Nez

Nette   —   Natte

Enfin, il y a une troisième consonne nasale,
qui est figurée par deux lettres ; c'est celle que
vous prononcez dans les mots *agneau, cygne*.
Faites entendre, sans voyelle, cette consonne
gn.... pour observer comment elle se forme.
Vous pressez la langue contre votre palais, et
vous empêchez ainsi l'air de sortir par la bouche ; cet air est alors obligé de sortir par le nez,
en faisant un léger murmure qui est l'articulation **gn**. Observez si les choses ne se passent
pas ainsi, en prononçant la consonne **gn**, dans
les mots suivants :

Vigne   —   Beignets

Montagne   —   Peigne

gn est donc encore une consonne nasale, ce
qui en fait trois :

m...., n...., gn....

V. Les consonnes vibrantes.

La plus difficile des articulations de notre langage, c'est l'articulation **r**.... Pour l'exécuter, il faut que la pointe de la langue tremblote rapidement, frémisse en quelque sorte : c'est ce qu'on appelle une *vibration*.

Il y a beaucoup d'enfants qui ne savent pas faire ce mouvement de vibration de la langue. Aussi ne peuvent-ils pas prononcer les **r**. Au lieu de dire, par exemple : *rare, traître,* ils disent : *lâle, tlaitle,* ce qui est extrêmement ridicule. Il y a tout un grand peuple qui ne sait pas non plus prononcer les **r** : c'est le peuple Chinois. L'articulation **r** n'existe pas dans les mots de la langue chinoise! Mais elle existe dans beaucoup de mots de la langue française, et comme nous tenons à bien prononcer les mots de notre langue, il faut nous habituer à faire vibrer nettement l'articulation **r**, afin de prononcer comme il faut les mots où elle se trouve :

Horreur	—	Maître
Tarir	—	Traire
Rural	—	Rire

Savez-vous, mes enfants, pourquoi les personnes qui ne peuvent faire bien vibrer leur langue disent **l** au lieu de **r**? *lale* au lieu de *rare?* C'est que la consonne **l** n'est autre chose que l'adoucissement de **r**.... Prononcez longuement **l**.... La langue, au lieu de vibrer fortement, ne fait qu'onduler un peu :

Liquide — Lait
Huile — Lime

La vibration de la langue, qui produit la consonne **r**, l'a fait nommer consonne *vibrante*, et le mouvement coulant de la langue qui produit la consonne **l** l'a fait nommer consonne *liquide*.

Voilà donc, mes enfants, dix-sept consonnes ou articulations, dont trois paires explosives ; trois paires soufflantes ; trois nasales ; une vibrante, et une liquide. Faites-en le tableau de mémoire : cela vous sera fort utile dans plus d'une occasion.

Nous ne reparlons pas de l'**h**, qui n'est pas plus une consonne qu'une voyelle, puisqu'il ne se prononce d'aucune manière, et n'est qu'un simple signe, tantôt indiquant une légère aspiration, tantôt servant à former l'arti-culation **ch**, et d'autres groupes de lettres.

Quant à la lettre **x**, vous vous rappelez qu'elle représente les deux articulations **ks** et **gz**, et qu'elle est alors une articulation double. Nous avons encore quelque chose à vous dire des consonnes ; mais nous le gardons pour l'année prochaine.

I. Le Mot.

Un *mot parlé*, mes enfants, est un ensemble de sons et d'articulations que notre voix prononce, et *qui signifie quelque chose*. Un ensemble de sons et d'articulations qui ne signifierait rien ne serait pas un mot. Ce serait un son, un bruit, un murmure..... tout ce que vous voudrez, excepté un mot.

Un *mot écrit*, est un ensemble de lettres représentant les sons et les articulations du mot parlé. Si nous écrivions un ensemble de lettres impossible à prononcer, ou qui étant prononcé n'aurait aucun sens, ce ne serait pas plus un mot écrit, qu'un son articulé qui ne signifierait rien ne serait un mot parlé.

Dans un mot il y a donc d'abord une *idée*;

puis *ce qui sert à exprimer l'idée*, c'est-à-dire les sons prononcés ou les lettres écrites. Les sons prononcés et les lettres écrites, ou si vous voulez : la prononciation et l'écriture, sont ce qu'on appelle la *forme* du mot. Voilà pourquoi on dit : dans un mot il y a deux choses, l'*idée* et la *forme*.

Dans le langage comme en toutes choses, c'est *l'idée* qui doit nous diriger, puisque nous sommes des êtres raisonnables. L'idée est donc ce qu'il y a de plus important dans le mot; la forme ne vient qu'après. La forme doit suivre l'idée; mais l'idée, pour être comprise, a besoin de la forme. De là vient que, lorsqu'on veut changer quelque chose à l'idée exprimée par un mot, il faut aussi changer quelquefois la forme du mot, comme vous le verrez bientôt.

Le son ou les sons qui terminent un mot, s'appellent tout naturellement la *terminaison*. Ainsi dans le mot *bonté*, la syllabe *té* est la terminaison, figurée par les deux lettres **t é**. Dans le mot *chantant*, le son *ant* qui termine le mot est la terminaison.

Il faut savoir cela, mes enfants, parce que, lorsqu'il y a quelque changement de forme

dans un mot, c'est presque toujours la terminaison qui est changée.

Que faut-il pour qu'un son ou un ensemble de sons et
d'articulations soit un *mot parlé*.

Que faut-il pour qu'une lettre ou un groupe de lettres
soit un *mot écrit* ?

Quelles sont les deux choses à considérer dans un mot ?

Qu'appelle-t-on la *forme* d'un mot ?

Quand on change quelque chose à l'*idée* exprimée par
un mot, faut-il parfois changer aussi quelque chose à la
forme ?

Qu'est-ce que la *terminaison* d'un mot ?

II. Nature du Nom.

Qu'est-ce qu'un nom ? C'est, direz-vous, un
mot qui sert à désigner un être ou une chose.
Le nom d'une chose doit donc nécessairement
la faire connaître, la faire distinguer des autres choses. Quand on dit : une *table*, une
rose, vous savez aussitôt de quelle chose on
vous parle, vous vous en faites une *idée* ; tandis
qu'au contraire, quand on indique une chose
par un pronom, quand on vous dit, par exemple :
ceci, *cela*, rien ne vous dit quelle est la nature

de la chose dont on veut vous parler. Si on ne vous la montre ou si on ne vous l'a déjà fait connaître vous ne pouvez vous l'imaginer.

Le nom d'une chose doit donc la *caractériser*, en la faisant distinguer de toutes les autres.

Vous pouvez déjà remarquer qu'un grand nombre de noms ou substantifs (ces deux mots veulent dire la même chose), sont comme une *définition*, une explication de là chose qu'ils désignent. Ainsi : un *gardien*, désigne celui qui garde ; un *tiroir*, l'objet qu'on tire. De sorte qu'en entendant prononcer ces noms, vous savez ce que l'être ou la chose qu'ils désignent a de particulier, et vous pouvez vous en faire une idée, même quand vous ne l'auriez jamais vue.

Ces noms font connaître la chose ou la personne en disant ce qui est dans sa nature, dans son habitude de faire ; ou bien encore ce qu'on en fait, l'action dont elle est, par sa nature, le *sujet* ou *l'objet*. Vous savez fort bien cela, mes enfants, car si on vous demande : Qu'est-ce qu'un *chanteur ?* Vous répondez : c'est un homme qui chante.

Un *laboureur ?* c'est un homme qui laboure.

Un *fabricant?* c'est un homme qui fabrique certaines choses.

Le *graveur* est l'homme qui grave; une *gravure* est ce qui est gravé.

Le *sculpteur* est l'homme qui sculpte; et une *sculpture* est la chose qui a été sculptée.

Le *dessinateur* est celui qui dessine; le *dessin* ce qui a été dessiné.

Le *paveur* c'est l'ouvrier qui pave les rues; les *pavés* sont les pierres posées par le paveur.

Tous ces noms et beaucoup d'autres que vous saurez trouver, expliquent ce qu'est la chose ou la personne qu'ils désignent; quelle action il est dans sa nature de faire ou de subir, ou à quel usage elle sert. Ces mots sont formés, comme vous le voyez déjà, avec le verbe qui exprime cette action : ce sont des noms *dérivés* du verbe.

Ainsi, désormais, chaque fois que vous rencontrerez, en lisant, un de ces noms explicatifs, vous chercherez avec quel verbe ce nom est formé, et par suite, quelle est l'action faite ou subie par la personne ou la chose que ce nom désigne.

Vous marquerez dans vos analyses tous les

noms, en général, du signe ⊥ pour, montrer que vous les avez reconnus.

Le *chien* mangeait dans l'*assiette* du *chat*.
   ⊥   ⊥   ⊥

QUESTIONNAIRE.

Qu'est-ce qu'un *nom* ?
Le nom d'une chose explique-t-il quelquefois sa nature ?
De quoi sont dérivés ces noms explicatifs ?

EXERCICE.

1° De quels verbes sont dérivés les noms suivants :
Payeur — punition — fermeture — écriture — mugis-
sement — trahison — confiance — serviteur — polissoir
— floraison — obscurcissement — découverte — voleur —
pliage — passage — courrier — fuite — offrande — ouverture — vêtement — confiture — instruction — connaissance
— couture — croyance — guérison — tremblement —
grandeur — chauffeur — baigneur — gardien.

2° Trouver des noms dérivés des verbes suivants :
Promener — éclairer — rugir — encourager — classer
— couvrir — conter — admirer — étonner — miner —
voyager — unir — acheter — pourrir — vendre — changer — moissonner — ouvrir — faucher — marcher [1].

3° Former oralement des phrases contenant les noms ci-
dessus désignés.

4° Marquer du signe convenu les *noms* contenus dans les
phrases suivantes :

---

1. Voir dans le *Manuel* des listes supplémentaires pour ces
exercices très-importants, et les observations justificatives.

Une vaste pelouse s'étend depuis la maison jusqu'aux prairies bordées de saules et de peupliers. Quelques arbrisseaux fleuris s'élèvent au milieu de la verdure des gazons.

III. Le genre des Noms.

Il y a, vous le savez, deux genres, le *masculin* et le *féminin* : vous allez mes enfants, en comprendre la raison.

Dans chaque espèce d'êtres il y a deux conditions d'existence différentes ; l'une plus forte, l'autre moins forte et plus douce. Ainsi chez les animaux, vous savez que dans chaque espèce il y a le mâle qui est le plus fort, la femelle qui est moins forte et plus douce. Même parmi les plantes il y a quelque chose d'analogue. C'est pour exprimer cette différence qu'il y a dans le langage deux genres : le *masculin* qui est le genre fort, qui exprime plus d'énergie, pour désigner les êtres mâles ; le *féminin* qui est le genre moins fort, qui exprime plus de douceur, pour désigner les êtres femelles.

Mais les noms désignant des *choses* (qui n'étant pas des êtres ne sont ni mâles ni femelles) telles que les pierres, les métaux, etc., etc, dans quel genre les mettrons-nous ?

Autrefois il y avait, dans la langue qui est devenue la nôtre, un troisième genre attribué à ces mots. Mais cette distinction, qui se fait encore en anglais et dans beaucoup d'autres langues, ne se fait plus en français. Le troisième genre a été oublié ; alors il a fallu mettre les noms des choses dans l'un ou l'autre des deux autres genres. On les a faits masculins ou féminins un peu au hasard. C'est en écoutant les personnes qui parlent bien, et en lisant attentivement, que vous prendrez l'habitude de reconnaître quel genre on donne à chaque nom.

Ainsi l'article *le* et l'adjectif *un* vous font reconnaître le genre masculin. L'article *la* et l'adjectif *une* vous font reconnaître le genre féminin.

Pour indiquer dans vos analyses le genre masculin, vous écrirez un petit *m* à *gauche* du signe qui désigne le nom. Pour le genre féminin, vous mettrez un petit *f*, comme dans cette phrase :

La *lune* brille au *ciel*.

f | *m* |

QUESTIONNAIRE.

Combien y a-t-il de genres en français ?

Un substantif peut-il être à la fois des deux genres ?

Y a-t-il dans la langue de certains pays un troisième genre pour les noms des choses ?

Qu'est-ce qui nous apprend de quel genre sont ces noms dans notre langue française ?

EXERCICE.

Citer des noms masculins — féminins.

Écrire les phrases suivantes, et indiquer le genre des noms qui y sont contenus :

Le loup se cache au fond de la forêt. — Les ours blancs habitent sur le rivage des mers du Nord. — La primevère, le muguet, la violette, fleurissent au printemps. — La rosée rafraîchit l'herbe des prairies. — La pluie alimente les sources. — Le citron et l'orange sont des fruits des climats chauds. — L'estime de nos semblables est la récompense naturelle de la droiture.

IV. Le Nombre.

Vous n'avez pas oublié que lorsqu'on parle de plusieurs personnes ou de plusieurs choses semblables, le nom qui les désigne doit être mis au pluriel, pour faire connaître qu'il y a, non pas une seule chose, mais plusieurs.

Le *singulier* et le *pluriel* sont appelés en grammaire les deux *nombres*.

Dans vos analyses, vous indiquerez qu'un

nom est au singulier en ajoutant un petit *s* à *droite* du signe placé sous le nom ; le pluriel se marque par un petit *p* placé de même :

La *pluie* rafraîchit les *plantes.*
          | *s* | *p*

Remarquez, mes enfants, que lorsque nous disons au singulier le *lion,* et au pluriel les *lions,* ce ne sont pas des noms différents que nous employons. C'est toujours le même nom, désignant la même espèce d'animaux ; la seule différence c'est qu'il y a un seul lion ou qu'il y en a plusieurs.

Pour exprimer le pluriel, il faut changer un peu la forme du mot ; et comme vous savez que les changements de forme des mots se font ordinairement à leur terminaison ; nous changerons quelque chose à la terminaison du mot *lion ;* au pluriel, nous y ajoutons un **s.**

Le plus souvent ce changement n'est que dans l'écriture ; on ne l'entend pas dans la prononciation ; jugez-en vous-même :

La rose   — Les roses
Le jardin — Les jardins

Quelquefois, au contraire, le changement est à la fois dans l'écriture et dans la prononciation :

Le cheval — Les chevaux
Le travail — Les travaux

Faire à un nom le changement qui indique le pluriel, cela s'appelle : *former le pluriel* de ce nom.

QUESTIONNAIRE.

Qu'appelle-t-on, en grammaire, les deux *nombres* ?
Qu'appelle-t-on *former le pluriel* d'un nom ?

EXERCICE.

Écrire les phrases suivantes ; marquer les noms, en indiquer le genre et le nombre :

La chaleur du jour diminue. — L'ombre des arbres monte le long du mur.—Les petits insectes ailés dansent leurs rondes du soir.— On gravit la colline par un sentier tortueux. —La vigne est chargée de grappes de raisin.—En Bretagne il y a de vastes terrains, arides et pierreux, qu'on appelle des landes : ces étendues sont couvertes de bruyères, et de buissons de genêt épineux.

V. Formation du pluriel dans les Noms.

Pour former le pluriel d'un nom ou substantif, on ajoute le plus souvent un **s** à la fin de ce nom :

Le lion — Les lions
Le père — Les pères
La mère — Les mères
L'enfant — Les enfants
La forêt — Les forêts

C'est pour cela qu'on dit l's est *le signe du pluriel*, c'est-à-dire la marque qu'on emploie le plus souvent, en français, pour indiquer le pluriel. C'est la règle générale. S'il en était toujours ainsi, ce serait fort simple; mais il y a des exceptions, et il faut les connaître.

D'abord, il y a des noms ou substantifs qui, au singulier, sont terminés par un **s**. Puisqu'ils ont déjà un **s** au singulier, on ne leur en met pas d'autre au pluriel. Le pluriel ne change donc rien à ceux-là. Ainsi voyez :

Le palais — Les palais
Le taillis — Les taillis
Le tas — Les tas
Le bois — Les bois

Ensuite rappelez-vous, mes enfants : 1° que l'**x** représente deux lettres dont l'une est un **s** (**k s, g s**); 2° Que la lettre **z** est la sœur de l'**s**, et pour ainsi dire, un **s** adouci.

Si l'**x** contient un **s**, et que le **z** soit un **s** adouci, quand un nom est terminé par un **x**

ou un **z**, c'est comme s'il était terminé par un **s**;
et par conséquent nous n'avons rien à y ajouter
pour indiquer le pluriel. Voyez les mots suivants :

Un nez   —   Des nez
La voix   —   Les voix
Le prix   —   Les prix

En outre, puisque l'**x** contient un **s**, vous ne
serez pas surpris d'apprendre que pour former
le pluriel de certains substantifs, on y ajoute
un **x** au lieu d'un **s**. Ce sont principalement
des noms qui finissent par *au, ou, eu,* comme :

Le bateau   —   Les bateaux
Le chou   —   Les choux
Le cheveu   —   Les cheveux

La plupart des noms terminés en *al* au singulier, font leur pluriel en *aux ;* et vous savez
déjà qu'on dit :

Le cheval   —   Les chevaux
Le canal   —   Les canaux
L'animal   —   Les animaux
Le journal —   Les journaux

Dans ces mots, le changement de forme est
plus grand que dans ceux qui précèdent, et la
prononciation change avec l'écriture.

Il y a encore d'autres exceptions que nous vous apprendrons plus tard, ou que l'usage vous fera connaître. Malgré toutes ces différences, remarquez, mes enfants, que d'une manière ou de l'autre, les noms au pluriel en arrivent toujours à se *terminer par un* **s** (puisque l'**x** et le **z** contiennent ou représentent un **s**).

QUESTIONNAIRE.

Comment forme-t-on généralement le pluriel des noms ?

Comment forme-t-on le pluriel des noms terminés par *s* ? — des noms terminés par *x* et par *z* ? Pourquoi ne met-on pas un *s* à ces derniers ?

Comment forme-t-on ordinairement le pluriel des noms terminés en *au, eu*. — Des noms terminés en *al* ?

Y a-t-il des exceptions à ces règles ?

EXERCICE.

Mettre au pluriel les noms écrits en italiques dans les phrases, suivantes et en marquer le genre [1].

J'ai tué *un loup* dans *la forêt*. — Le jardinier a planté le *rosier*. — L'herbe a été broutée par *le mouton* et *la chèvre*. — Allons dans *le champ* ; nous nous reposerons à l'ombre du *chêne*. — Le navigateur traverse *la mer* : il a sans cesse à craindre *la tempête*. — Le laboureur trace *un sillon* dans *le guéret*. — La récolte peut périr par *la gelée*. — L'hirondelle redoute *l'hiver*.

En parcourant *le bois*, nous avons aperçu *une perdrix* sous *le taillis*. — On a planté *une croix* de pierre au bord du chemin. — La sécheresse a fait tarir *le puits* : le berger

---

1. Voir le *Manuel*.

mène *sa brebis* boire à la source. — Le prix du *riz* a augmenté depuis *le marché* de la semaine dernière. — J'ai cueilli *une noix* dans *le noyer*, *du raisin* dans *la vigne*, *un abricot* le long *de l'espalier*. — On entend *une voix* chanter sous l'ombrage. — Le pâtre allume *un feu* sur *la bruyère*. — La rivière reçoit *l'eau du ruisseau*. Elle est assez large pour porter *un bateau*. — Nous avons acheté *un jeu* de quilles, *une boule*, *un cerceau* et *un volant*, pour faire *un cadeau* à nos petits compagnons. — *Un écheveau* de fil. — *Un cheveu*. — *Un corbeau*. — *Un barreau* de fer. — *Un caveau*.

Nous creuserons *un canal* pour dessécher *le marais*. — Il est odieux de tourmenter *un animal*. — On appelle *minerai* *un minéral* contenant *un métal*.

Mettre au singulier :

Quand la nuit tomba, on alluma *des fanaux* sur *les rochers*, pour faire *des signaux* aux pêcheurs attardés. — On a conduit *ces chevaux* à la forge *des maréchaux* (pour les ferrer).

VI. Nature de l'Adjectif.

Un adjectif est un mot qui désigne une qualité, une manière d'être d'une personne ou d'une chose. Vous pouvez reconnaître que beaucoup d'adjectifs expriment la qualité d'une personne ou d'une chose en disant, soit ce qu'elle fait habituellement, soit ce qu'on en fait, c'est-à-dire l'action dont elle est le *sujet* ou *l'objet*.

Un garçon *boudeur* — qui boude
Une apparence *trompeuse* — qui trompe
Un animal *craintif* — qui craint
Une bête *nuisible* — qui peut nuire
Un terrain *productif* — qui produit

Ces adjectifs, et beaucoup d'autres que vous trouverez vous-mêmes, sont formés, vous le voyez, avec des verbes.

Nous savons déjà que les noms qui sont également formés avec des verbes, expriment la *nature* des choses, en disant aussi ce qu'elles font, ou ce qu'on en fait. Il y a donc beaucoup de ressemblance entre les noms et les adjectifs? Sans doute; mais en même temps, il y a aussi une différence sensible.

Quand nous disons : un laboureur, nous désignons *celui qui laboure*. Remarquez que le métier de cet homme est de labourer; il faut qu'il laboure, autrement il ne serait pas un *laboureur*. L'action de labourer est nécessaire au nom de laboureur, le mot exprime *ce qui est dans la nature de l'être* qu'on appelle ainsi : c'est son nom.

Mais si nous disons : Un enfant *boudeur*, cela veut dire un enfant qui boude en ce moment, ou qui boude souvent. C'est une mauvaise

qualité qu'a cet enfant; mais elle n'est pas nécessaire à sa nature, d'enfant (heureusement!)
et la preuve, c'est qu'il y a beaucoup d'enfants qui ne boudent pas. Le mot *boudeur* exprime une qualité qu'on peut avoir, ou ne pas
avoir, qui n'est pas forcément dans la nature
de l'être dont on parle. Ce mot est un adjectif.

Comprenez-vous, maintenant, la différence
qu'il y a entre un nom et un adjectif?

Pour les distinguer l'un de l'autre, vous
n'avez qu'à examiner si l'action exprimée par le
verbe avec lequel est formé le mot que vous
cherchez à reconnaître, est ou n'est pas nécessaire, par nature, à l'être ou à la chose.

Malgré cette différence, on emploie souvent
le même mot, tantôt comme nom, tantôt comme
adjectif. Comme nom, si c'est la nature de la
personne ou de la chose qu'on veut exprimer, et
alors on l'emploie seul : Un brave. Comme adjectif, si on veut indiquer la qualité; et alors on
le fait précéder ou suivre du nom de la chose
ou de la personne : Un enfant brave.

Dans les phrases suivantes, les mêmes mots
sont employés *substantivement* , c'est-à-dire

comme noms; et ensuite *adjectivement*, c'est-à-dire comme adjectifs :

Un *menteur* n'est pas cru, même quand il dit la vérité.
— On m'a fait un récit *menteur*.
Ce *chanteur* a une belle voix.
— Le rossignol est un oiseau *chanteur*.

Et il en est de même pour beaucoup d'autres adjectifs.

Dans vos analyses, vous marquerez les adjectifs du signe +, comme dans les phrases suivantes :

La nuit est *sombre* et *froide*.
+ +

Nous suivrons les sentiers *tortueux*, à l'ombre des *grands* arbres.
+ +

Quand vous rencontrerez des adjectifs employés substantivement, ou des noms employés adjectivement, vous aurez soin d'indiquer au-dessous, d'abord la nature du mot, puis son emploi accidentel, comme ici :

Notre conscience nous fait discerner le juste de l'injuste.
+⊥ +⊥

Ce pauvre conduit par son chien est un aveugle.
+⊥ +⊥

Et vous direz, suivant le cas : adjectif employé substantivement, ou : nom employé adjectivement.

QUESTIONNAIRE.

Qu'est-ce qu'un *adjectif* ?

Pouvez-vous reconnaître certains adjectifs dérivés des verbes ?

Comment l'adjectif dérivé du verbe indique-t-il la manière d'être de la chose ?

Y a-t-il une ressemblance entre le nom et l'adjectif ?

Quelle différence y a-t-il entre un nom et un adjectif ?

Certains adjectifs sont-ils employés comme noms ?

Certains noms sont-ils employés comme adjectifs ?

EXERCICE.

Dire de quels verbes sont dérivés les adjectifs suivants[1], et en expliquer la signification :

Rôdeur — rongeur — ravageur — fâcheux — boîteux — plaintif — fuyard — babillard — questionneur — raisonneur — grimpeur — productif — pensif — joueur — rêveur — sauteur — tracassier — oublieux — aimable — faisable — navigable — blâmable — estimable — directeur.

Serviable — admirable — déplorable — risible — nuisible — lisible — punissable — épouvantable — regrettable — conteur — réparable — vénérable — haïssable — supportable — querelleur — glaneur — méprisable — habitable — respectable — sensible.

Construire oralement des phrases contenant ces adjectifs.

Faire avec chacun des mots suivants, deux phrases : l'une

1. Voir le *Manuel* (dérivation directe et indirecte).

contenant le mot employé comme nom; l'autre, comme adjectif.

Pêcheur — voleur — trompeur — chasseur — moqueur — voyageur — meurtrier — sujet — vrai — gourmand — journalier — général — sauveur — protecteur — inspecteur — peureux — aventurier.

Brodeur — fraudeur — gardien — démolisseur — mouleur — railleur — fileur — constructeur — musicien — penseur — navigateur — hospitalier — rond — aveugle — sourd — muet — paresseux — bienfaiteur — paysan — pauvre — carré — voleur — solide — liquide — imprimeur — petit.

Écrire les phrases suivantes, en indiquant la nature des mots écrits en italiques et leur emploi spécial :

Ce chat prend un air doux et *flatteur*. — Nous avons été égarés par notre *conducteur*. — Il est contre la nature de l'oiseau de vivre *captif*. — Un vrai *savant* n'a pas de vanité. — Les Hébreux étaient des peuples *pasteurs*. — L'eau coulait en cascade du réservoir *supérieur* dans l'étang *inférieur*. — *L'hypocrite* est la pire espèce de *traître*. — Celui qui croit une chose sans réflexion s'expose à croire *l'absurde*, et à rejeter le *vrai*. — Un *sage* est à la fois un *savant* et un *juste*.

VII. Dépendance de l'adjectif.

Nous remarquons tout d'abord, mes enfants, les êtres et les choses; et nous ne nous occupons de leurs qualités qu'ensuite.

Le mot principal, dans une phrase, est donc

celui qui désigne la personne ou la chose, c'est-
à-dire le nom ou le pronom. L'adjectif dépend
du nom, puisque la qualité appartient à l'être
ou à la chose désignée par le nom. Ainsi quand
nous disons :

Une fleur gracieuse.

la qualité d'être gracieuse appartient à la fleur,
l'adjectif *gracieux* dépend du nom *fleur*.

Pour rappeler cette dépendance nous dirons
que l'adjectif est l'imitateur du nom : Il
faut qu'il se règle sur son modèle, et qu'il s'accorde avec lui. Si le nom est masculin, l'adjectif doit être masculin ; si le nom est féminin,
l'adjectif doit être aussi féminin ; si le nom est
employé au singulier, l'adjectif doit être mis
au singulier ; si le nom est au pluriel, l'adjectif
doit aussi être mis au pluriel. C'est ce qu'on
exprime en disant : l'adjectif doit s'accorder en
genre et en nombre avec le nom (ou les noms),
auquel il se rapporte.

Puisque l'adjectif doit exprimer le masculin
ou le féminin, le singulier ou le pluriel, suivant
les noms auxquels il se rapporte, il faut modifier sa forme, de manière à exprimer la diffé-

rence de genre et de nombre. Comme pour le nom, c'est dans la terminaison de l'adjectif que l'on fait ce changement.

Le genre et le nombre des adjectifs s'indiquent, dans l'analyse, par les mêmes signes que le genre et le nombre des noms :

Le *ruisseau* est *limpide*, ses *rives* sont *verdoyantes*.

QUESTIONNAIRE.

Avec quoi l'adjectif doit-il s'accorder?

EXERCICE.

Indiquer à quels noms se rapportent les adjectifs contenus dans les phrases de l'exercice précédent; indiquer le genre et le nombre sous le nom et sous l'adjectif.

VIII. Formation du féminin dans les adjectifs.

Pour désigner (en français), le féminin ou genre moins fort, on termine l'adjectif par un son très-faible[1], la plus faible de toutes nos voyelles, l'*e* qu'on appelle quelquefois **e** muet parce qu'on le prononce à peine. Le plus sou-

[1]. Voir le *Manuel.*

vent il suffit d'ajouter un **e** à l'adjectif masculin pour en faire un adjectif féminin.

Ainsi nous disons :

Le *grand* mur — La *grande* maison
Un arbre *vert* — Une feuille *verte*
Un *joli* bouquet — Une *jolie* fleur
Un renard **rusé** — Une chatte *rusée*

C'est la règle générale ; mais il y a des exceptions.

Ainsi, quand un adjectif masculin est terminé
par un *e* muet, il n'est pas nécessaire d'en
ajouter un autre. Dans ce cas il n'y a aucun
changement à faire.

Un *vaste* jardin — Une *vaste* prairie
Un homme *aimable* — Uue femme *aimable*

Vaste et *aimable* se prononcent et s'écrivent,
vous le voyez, de la même manière pour les
deux genres.

D'autres fois, pour *former le féminin*, il y a
un changement plus considérable à faire à la
terminaison de l'adjectif masculin. Vous apprendrez plus tard toutes ces exceptions [1]. Re-

1. Une liste complète des exceptions sera donnée dans
l'année suivante. Nous ne voulons pas fatiguer les enfants.

marquons seulement, dès aujourd'hui, celles qu'il est indispensable de connaître :

1° Vous savez déjà, car vous faites ces changements quand vous parlez, que certains adjectifs terminés en *eur* au masculin, se terminent en *euse* au féminin.

> Un aspect *trompeur* — Une apparence *trompeuse*
> Un discours *flatteur* — Une parole *flatteuse*

2° D'autres adjectifs terminés en *teur* au masculin, se terminent en *trice* au féminin. On dit :

> Un abri *protecteur* — Une loi *protectrice*
> Un témoin *accusateur* — Une preuve *accusatrice*

Vous remarquerez, mes enfants, que ces sortes d'adjectifs sont très-souvent employés substantivement :

> Conducteur — Conductrice
> Dominateur — Dominatrice

3° Quand un adjectif masculin est terminé par un **t**, un **l**, un **n** ou un **s**, on redouble presque toujours cette consonne avant d'ajouter l'e muet du féminin. Ainsi vous devez écrire :

> Un homme *muet* — Une femme *muette*
> Un *bon* père — Une *bonne* mère
> Ce mur est *bas* — Cette porte est *basse*

4° Quand un adjectif masculin se termine par un **x** (l'**x** contenant un **s**), on le change en **s** et on ajoute l'**e** muet du féminin. Vous savez qu'on dit :

Il était *joyeux* — Elle était *joyeuse*
Pierre est *jaloux* — Marie est *jalouse*

5° De même l'**f** et le **v** étant deux consonnes sœurs, **f** la forte et **v** la douce, il est naturel, quand un adjectif masculin est terminé par la forte **f**, de la remplacer par la douce **v** au féminin. Vous dites :

Un cahier *neuf* — Une plume *neuve*
Un meuble *massif* — Une porte *massive*
Un cheval *poussif* — Une jument *poussive*

6° Enfin d'autres adjectifs se disent au masculin de deux manières. Ainsi par exemple :

Un *beau* livre — et — Un *bel* arbre.
Un *nouveau* jeu — et — Un *nouvel* ami.
Un homme *fou* — et — Un *fol* émoi.
Un coussin *mou* — et — Un *mol* oreiller.
Un *vieux* chapeau — et — Un *vieil* habit.

C'est avec cette seconde forme, et en doublant la consonne qui termine l'adjectif au masculin, qu'on fait l'adjectif féminin :

Un *bel* arbre — Une *belle* fleur
Un *nouvel* ami — Une *nouvelle* amie
Un *fol* émoi — Une *folle* gaieté
Un *mol* oreiller — Une pâte *molle*
Un *vieil* habit — Une *vieille* robe

QUESTIONNAIRE.

Comment forme-t-on ordinairement le féminin d'un adjectif ?

Quand l'adjectif est terminé par un e *muet* au masculin, comment l'écrit-on au féminin ? Et s'il est terminé par un é accentué ?

Comment les adjectifs en *eur* forment-ils leur féminin ? Comment, par exception, les adjectifs en *teur* forment-ils leur féminin ?

Quand l'adjectif est terminé au masculin par l'une des lettres t, l, n, s, qu'ajoute-t-on ordinairement avant l'e pour former le féminin ?

Quand l'adjectif est terminé au masculin par un x, conserve-t-on l'x au féminin ? par quelle lettre le remplace-t-on ?

Les adjectifs terminés au masculin par un *f* conservent-ils cet *f* au féminin ? Par quelle consonne remplace-t-on l'*f* ?

EXERCICE.

Former le féminin des adjectifs ci-dessous, et mettre un nom féminin à la place du nom masculin [1].

Un homme hardi. — Un garçon fort. — Un grand salon. — Un maître savant. — Un coq noir. — Un lac profond. — Un sentier étroit. — Un mur haut.

1. Voir le *Manuel.*

Faire l'exercice inverse sur les adjectifs et les noms suivants :

Une eau claire. — Une nuit obscure. — Une rumeur sourde. — Une poire mûre. — Une marche lente. — Une saison chaude. — Une pluie glaciale. — Une étoffe fine.

Écrire au féminin pluriel les adjectifs suivants, en changeant le nom qu'ils accompagnent :

Un devoir facile. — Un oiseau rare. — Un vent terrible. — Un ami fidèle. — Un fardeau énorme. — Un immense travail. — Un vaste jardin. — Un terrain stérile.

Retrouver le masculin des adjectifs suivants, et changer le nom en conséquence :

Une personne opiniâtre. — Une étrange idée. — Une plante vivace. — Une parole sincère. — Une conscience ferme. — Une triste nouvelle. —. Une tâche pénible. — Une forêt sombre.

Former oralement des phrases avec les noms et les adjectifs qui les qualifient, après la transformation opérée.

Former le féminin, etc. :

Un récit menteur. — Un frère quêteur. — Un garçon raisonneur. — L'Océan grondeur. — L'enfant questionneur. — Un chien aboyeur. — Un élève causeur. — Un air trompeur.

Retrouver le masculin, etc. :

Cet enfant a une intelligence chercheuse. — Une attention flatteuse. — Une petite fille batailleuse. — L'hirondelle voyageuse. — Une grimace moqueuse. — Une chenille rongeuse. — La belette rôdeuse. — Une perruche jaseuse.

Compléter oralement, comme ci-dessus, les phrases qui n'offrent pas un sens achevé.

Former le féminin des adjectifs suivants, et changer le nom en conséquence :

Un esprit observateur. — Un aliment réparateur. — Un roi usurpateur. — Un regard interrogateur.

Retrouver le masculin des adjectifs suivants, et changer le nom en conséquence :

Une preuve accusatrice. — Une décision conciliatrice.— Une grêle dévastatrice. — Une élève imitatrice.

Indiquer de quels verbes sont dérivés les adjectifs ci-dessus, et en exprimer la signification.

Former oralement des phrases, etc. , comme précédemment.

Former le féminin des adjectifs suivants, etc.

Un frère cadet. — Un sot orgueil.— Le moment actuel. — Un gentil enfant. — Un manteau pareil. — Un gros chat. — Un limon épais. — Un ancien édifice.

Retrouver le masculin des adjectifs suivants, etc.

Une robe violette. — Une fille muette. — Une lettre nulle. —Une maladie mortelle. — Une poule grasse.— Une personne basse. — Une taille moyenne. —Une idée bouffonne.

Former oralement des phrases, etc.

Former le féminin comme ci-avant :

Un enfant heureux. — Un affreux accident. — Un passage dangereux. — Un temps pluvieux.— Un sérieux avertissement. — Un oreiller moelleux. — Un liquide laiteux. — Un homme vertueux.

Retrouver le masculin, etc.

Une action honteuse. — Une élève laborieuse.— Une navigation périlleuse.— Une femme boîteuse. —Une plante gracieuse. — Une nuit silencieuse. — Une matinée orageuse.— Une étoffe soyeuse.

Former le féminin, etc. :

Un mot bref. — Un cri plaintif.— Un air maladif. — Un lièvre craintif.

Retrouver le masculin, etc. :

Une lionne captive.— Une cavale rétive.— Une vive gaîté. — Une naïve réponse.

Former le féminin des adjectifs suivants, et les faire suivre d'un nom du même genre :

Un beau jardin. — Un nouveau compagnon. — Un fol orgueil. — Un vieil ami.

Former des phrases, etc.

IX. Formation du pluriel dans les adjectifs.

Pour former le pluriel des adjectifs on ajoute un **s** au singulier, absolument comme pour les noms ; ce qui ne vous étonnera pas, puisque vous savez qu'il y a une grande ressemblance entre le nom et l'adjectif. Ainsi vous écrivez :

Un *bon* fruit — De *bons* fruits
Un enfant *sage* — Des enfants *sages*

Ceci est la règle générale ; mais elle a aussi des exceptions ; et vous remarquerez que ces exceptions sont à peu près les mêmes que pour les noms. Ainsi :

1° Quand un adjectif a déjà un *s* au singulier, ou un *x* (ce qui revient au même comme vous le savez), il n'y a rien à ajouter au pluriel.

Un nuage *gris* — Des nuages *gris*
Un enfant *joyeux* — Des enfants *joyeux*

2° Les adjectifs terminés en *eau* prennent au pluriel un *x* au lieu d'un *s*.

Le *beau* jardin — Les *beaux* jardins

Comme pour les noms : le *ruisseau*, les *ruis-seaux*.

3° La plupart des adjectifs terminés en *al* au singulier se terminent en *aux* au pluriel.
Vous dites :

Un chiffre *décimal* — Des chiffres *décimaux*
Un enfant *loyal* — Des enfants *loyaux*

Absolument comme pour les noms *cheval, chevaux*.

Il y a encore d'autres exceptions que nous vous ferons connaître plus tard. Quant au pluriel des adjectifs féminins, il n'y a jamais aucune difficulté : on ajoute simplement l's, si-gne du pluriel, après l'*e* muet qui termine les adjectifs féminins.

Une *jolie* fleur — De *jolies* fleurs

QUESTIONNAIRE.

Le pluriel des adjectifs se forme-t-il comme celui de noms ?

Comment les adjectifs terminés par *s* ou *x* au singulier forment-ils leur pluriel ?

Comment forme-t-on ordinairement le pluriel des adjectifs en *eau?*

Comment forme-t-on le pluriel des adjectifs en *al?*

EXERCICES.

Trouver des noms masculins pluriels pour joindre au pluriel des adjectifs suivants :

Joli — Touffu — Étroit — Triste — Léger — Oblique — Fier — Grand — Gai — Attentif — Public — Libre.

Retrouver le singulier masculin des adjectifs suivants et le joindre à un nom convenablement choisi :

Aimables — Gâtés — Laids — Justes — Polis — Vides — Froids — Ronds — Courts — Maigres — Vifs — Fidèles.

Former avec ces adjectifs et les noms trouvés pour les accompagner, des phrases offrant un sens raisonnable.

Trouver des noms masculins pluriels pour joindre au pluriel des adjectifs suivants :

Frais — Roux — Gris — Boueux — Peureux — Bas — Sablonneux — Faux — Gras — Doux — Las — Vieux — Rocheux — Jaloux — Frileux — Furieux — Mauvais.

Former oralement des phrases, etc.

Choisir des noms masculins pluriels pour accompagner le pluriel des adjectifs : (devoir écrit).

Nouveau — Beau — Jumeau.

Même exercice avec les adjectifs suivants :

Décimal — Original — Brutal — Loyal — Horizontal — Vertical — Oriental — Principal.

Trouver un nom masculin singulier pour joindre au singulier retrouvé des adjectifs suivants :

Moraux — Égaux — Musicaux — Partiaux — Sociaux — Nationaux — Municipaux — Royaux.

Trouver un nom féminin à joindre au féminin singulier des mêmes adjectifs.

Former oralement des phrases avec les adjectifs du devoir écrit, et les noms trouvés pour les accompagner.

Partant du masculin pluriel des adjectifs suivants, trouver le féminin pluriel, et un nom féminin pluriel pour y joindre[1].

Des enfants gourmands. — De vastes jardins — Des devoirs difficiles. — Des travaux utiles.— Des oiseaux nageurs. — Des travailleurs actifs. — Des mineurs courageux. — Des sommets neigeux.

Former des phrases avec les adjectifs féminins pluriels, et les mots trouvés pour les accompagner.

X. Accord de l'adjectif.

Les adjectifs, avons-nous dit, doivent s'accorder en genre et en nombre avec les noms auxquels ils se rapportent. Quand nous rencontrons un adjectif dans une phrase, il faut donc pour en connaître le genre et le nombre chercher le nom, ou les noms auxquels il se rapporte.

[1]. Remonter du pluriel masculin au singulier masculin, trouver le féminin, puis former le pluriel féminin. Faites en sorte que les élèves suivent cette marche. Voir le *Manuel*.

Occupons-nous d'abord du nombre.

De quoi s'agit-il, mes enfants? De savoir si la qualité exprimée par l'adjectif appartient à une seule chose ou à plusieurs. Si cette qualité appartient à une seule chose, l'adjectif, s'accordant avec le nom qui désigne cette chose, doit être au singulier :

> Un grand arbre.
> Une petite cabane.

Si l'adjectif se rapporte à plusieurs choses désignées par un nom employé au pluriel, il doit être mis au pluriel :

> Les renards sont rusés.
> Les grappes sont mûres.

Mais vous savez qu'un adjectif peut se rapporter à la fois à plusieurs noms; et quand même chaque nom serait au singulier, c'est toujours évidemment de plusieurs êtres ou de plusieurs choses qu'il s'agit alors :

> Ce rosier et ce jasmin sont fleuris.

Il n'y a qu'un seul *rosier* et qu'un seul *jasmin,* mais comme ils sont tous les deux en fleur, la qualité d'être fleuri appartient à tous les deux. L'adjectif doit donc être mis au pluriel.

A plus forte raison, si les noms auxquels l'adjectif se rapporte, ou quelques-uns d'eux, sont déjà au pluriel, nous mettrons l'adjectif au pluriel :

> Les bois et les taillis sont touffus.

Occupons-nous maintenant du genre de l'adjectif.

Si l'adjectif se rapporte à un nom masculin, il faut le mettre au masculin; s'il se rapporte à un nom féminin, il doit être au féminin :

> Le ciel est bleu.
> Les nuages sont gris.
> La jolie tonnelle.
> Les eaux pures du ruisseau.

Si l'adjectif se rapporte à plusieurs noms du même genre, il n'y a pas la moindre difficulté : l'adjectif sera du même genre que les noms.

> Le sentier et le chemin sont rocailleux.
> La porte et les fenêtres sont ouvertes.

Mais si l'adjectif se rapporte à plusieurs noms, les uns masculins, les autres féminins, comment faire ? Il faut qu'un des deux genres l'emporte. Lequel ? Ce sera le masculin, parce que c'est le genre fort. Nous mettrons donc l'adjectif au masculin :

Le frère et la sœur sont studieux.
Les haies et les buissons étaient verts.

Il va sans dire, mes enfants, que s'il y a plusieurs adjectifs se rapportant à un ou à plusieurs noms, ils s'accordent tous en genre et en nombre comme s'il n'y en avait qu'un nom :

Le chevreuil et sa chevrette sont légers, gracieux,
et extrêmement timides.

QUESTIONNAIRE.

Pour connaître le genre et le nombre qu'il faut donner à l'adjectif, que doit-on observer tout d'abord ?

A quel nombre faut-il mettre un adjectif se rapportant à plusieurs noms ?

Pourquoi l'adjectif doit-il être mis alors au pluriel, même quand chacun des noms auxquels il se rapporte serait au singulier ?

Qu'entend-t-on en disant : l'adjectif doit s'accorder en genre avec le nom ?

Quand un adjectif se rapporte à plusieurs noms féminins, à quel genre et à quel nombre doit-il être mis ?

Quand l'adjectif se rapporte à la fois à des noms masculins et féminins, à quel genre doit-il être mis ?

EXERCICE.

Joindre un adjectif aux noms suivants, et faire accorder, en marquant le genre et le nombre du nom et de l'adjectif :

Le feu.... — Le charbon est.... — Un métier.... — Le pain est.... — Les fruits sont.... — Les chemins sont....— Le puits est.... — L'été sera.... — L'arbre est.... — Des animaux....

Trouver un adjectif se rapportant à la fois aux deux noms de chacune des phrases suivantes :

Le chien et le chat sont.... — Le tigre et le lion sont.... — Le champ et le jardin sont....— Le pain et le vin sont.... — Le jardin et la cour sont.... — Nos champs et nos prairies sont.... — Les blés et les avoines sont ..... cette année. — La source et le ruisseau...... — Le modèle et la copie sont aussi ... l'un que l'autre.

Marquer des signes convenables les noms et les adjectifs ; en indiquer le genre et le nombre.

XI. Fonctions de l'adjectif.

L'adjectif exprime la qualité, la manière d'être des personnes et des choses. Quelquefois on veut exprimer les qualités d'une chose uniquement parce qu'on tient à les faire connaître. On dit alors que l'adjectif est simplement *qualificatif*. Mais parfois aussi on exprime la qualité d'une chose pour faire distinguer cette chose entre d'autres de même nature, mais qui n'ont pas cette même qualité. Ainsi, quand nous disons :

Cet arbre est grand.

Nous voulons seulement faire savoir que cet arbre a une haute taille. Mais si quelqu'un nous dit : Voyez-vous cet arbre parmi les autres ? nous demandons : lequel ? Et on nous répond : Le *grand* (si celui dont on parle est grand).

On dit *le grand* pour faire distinguer cet arbre des arbres plus petits. Dans ce cas on indique la qualité, non-seulement pour qu'on la connaisse, mais surtout pour qu'elle serve à faire distinguer l'arbre dont on parle.

Faire reconnaître la chose dont on parle parmi d'autres de même espèce, est ce qu'on appelle *déterminer* cette chose. C'est pourquoi les adjectifs qu'on emploie pour faire distinguer les choses entre elles sont appelés : adjectifs *déterminatifs.*

Quand vous dites :

Veuillez me donner *mon* livre.

Ce mot : *mon* est un adjectif : il indique que ce livre a la qualité d'être *vôtre;* que sa manière d'être est de vous appartenir. C'est pour faire reconnaître ce livre parmi d'autres livres qui ne sont pas à vous, que vous dites : *mon* livre.

L'adjectif *mon* est donc un adjectif déterminatif.

Remarquez que ce mot : *déterminatif*, ne veut pas dire que l'adjectif ainsi appelé soit d'une nature différente des autres adjectifs. Il indique seulement l'usage que l'on en fait.

QUESTIONNAIRE.

Qu'est-ce que déterminer une chose ?

Les adjectifs peuvent-ils servir à déterminer une chose ?

Comment nomme-t-on les adjectifs plus spécialement employés à cet usage ?

EXERCICE.

Indiquer les adjectifs employés comme déterminatifs dans les phrases suivantes :

Je ne vous demande pas le petit livre, je vous demande le gros. — Apportez-moi la chaise basse. — Posez le vase de fleurs sur la table ronde. — Elle a taché la robe neuve de sa sœur. — Prenez pour vous le cahier rouge, et donnez le bleu à votre frère.

XII. Les adjectifs déterminatifs numéraux et possessifs.

Parmi les adjectifs déterminatifs, il en est, mes enfants, qui expriment les nombres, et qu'on appelle, à cause de cela, adjectifs *numé-*

raux (c'est-à-dire *de nombre*). Il y en a de deux sortes : ceux qui marquent simplement le nombre :

Un arbre; une fleur.
Deux livres.
Trois maisons.

et ainsi de suite :

Quatre, cinq, dix, vingt, cent, mille.

Et ceux qui indiquent le rang :

Le premier arbre de l'avenue. — La première fleur du printemps.
Le second jour du mois. — La deuxième heure de travail.
Le troisième couplet de la chanson.

et ainsi de suite :

Quatrième, cinquième, dixième, centième, millième.

Vous remarquerez que, presque tous ces adjectifs sont formés en ajoutant, à ceux qui désignent le nombre, la terminaison *ième*, comme nous avons fait en arithmétique pour nommer les fractions.

Tous ces mots sont bien des *adjectifs,* puisqu'ils sont joints aux noms pour exprimer une manière d'être des choses, cette manière d'être qui est leur nombre ou leur rang.

D'autres adjectifs déterminatifs sont appelés en outre adjectifs *possessifs*, parce qu'ils font reconnaître une chose en disant à qui elle appartient. Exemples :

Mon livre,	Notre jardin,
Mes oiseaux,	Nos bœufs,
Ton rosier,	Votre esprit,
Tes cahiers,	Vos travaux,
Son visage,	Leur pays,
Ses yeux,	Leurs fleuves,
Ma maison,	Notre patrie,
Mes fleurs,	Nos chèvres,
Ta violette,	Votre raison,
Tes plumes,	Vos études,
Sa tête,	Leur nation,
Ses mains.	Leurs rivières,

Vous voyez que ces adjectifs ont un singulier et un pluriel, un masculin et un féminin, pour s'accorder en genre et en nombre avec les noms. Seulement, les changements de forme qui indiquent le genre et le nombre, ne sont pas les mêmes que pour les autres adjectifs.

En lisant les exemples que nous vous donnons, vous pouvez remarquer que, dans les adjectifs possessifs, le masculin pluriel, et le féminin pluriel sont semblables ; et même, pour les trois derniers, le masculin et le féminin sont semblables aussi au singulier. Il y a toujours une différence dans l'idée, mais il n'y en a pas dans la forme. On dit alors que ces adjectifs sont semblables pour les deux genres.

QUESTIONNAIRE.

Comment nomme-t-on les adjectifs déterminatifs qui désignent le nombre ou le rang?

Comment nomme-t-on les adjectifs déterminatifs qui indiquent la possession?

EXERCICE.

Écrire les adjectifs numéraux des deux premières dizaines, et trouver des noms variés à joindre à chacun d'eux. Indiquer, sur ce devoir, le genre et le nombre des noms trouvés et des adjectifs qui y sont joints.

Écrire les nombres suivants, en y joignant des noms variés :

Vingt, vingt-deux, vingt-sept, trente, trente-un, trente-six, quarante, quarante-un, cinquante, cinquante-cinq, soixante, soixante-six, soixante-dix, soixante-onze, soixante-dix-sept, quatre-vingt, quatre-vingt-un, quatre-vingt-dix, quatre-vingt-douze, cent, mille [1].

Former oralement des phrases variées avec les nombres du devoir ci-dessus, et les noms trouvés pour les accompagner.

Joindre des noms aux adjectifs suivants :

Le premier.	Une première.
Un second.	La seconde.
Le deuxième.	Une deuxième.
Un troisième.	La troisième.

Former des adjectifs indiquant le rang, avec les nom-

1. Voir le *Manuel*.

bres suivants, et y joindre des noms en indiquant le genre :

4, 5, 6, 7, 8, 9, 10, 11, 12, 13, 14, 15, 16, 17, 18, 19, 20, 30, 40, 50, 60, 70, 80, 90, 100, 1000.

Former des phrases variées, etc.

Former oralement des phrases avec les exemples cités page 62.

Trouver des noms pour joindre aux adjectifs possessifs suivants, en ayant égard au genre et au nombre.

Mon — Mes — Ton — Ta — Ses — Leur — Votre.

Trouver des adjectifs possessifs à joindre aux noms ci-après. Indiquer le genre et le nombre des noms et des adjectifs :

J'arrose .... jardin. — Otez .... chapeau. — Ils ont brisé .... jouets. — Le renard a croqué .... poulets. — La poule conduit .... poussins. — L'oiseau construit .... nid. — Le ruisseau creuse .... lit. — Les poissons abandonnent .... œufs. — Le feu a pris à .... maison. — Vous avez perdu .... temps. — Nous labourons .... champ. — Le petit garçon joue avec .... sœur.

XIII. Les Pronoms démonstratifs.

Déjà, mes enfants, vous savez reconnaître le pronom, qui désigne les personnes ou les choses sans les nommer. Désormais, dans nos analyses, nous marquerons les pronoms par un petit trait vertical :

Voyez ceci. — Cela est beau.
      | |

Les mots *ceci*, *cela*, qui désignent la chose

dont on vous parle, ne vous disent pas la nature de cette chose; ils *indiquent* une chose, rien de plus.

Il y a plusieurs manières d'indiquer ainsi une chose sans la nommer. La manière la plus simple, c'est de la montrer en disant : « La voilà. » Les pronoms qui indiquent les choses de cette manière s'appellent tout naturellement pronoms *démonstratifs*, c'est-à-dire qui *montrent* ou *démontrent* un objet, en le faisant connaître par les yeux.

Les pronoms démonstratifs ont un genre et un nombre, comme les adjectifs; et on les met au masculin ou au féminin, au singulier ou au pluriel, suivant la chose ou les choses qu'ils désignent.

> Ce, cet, cette, ces, ces [1],
> Celui, celle, ceux, celles.

Quand on veut distinguer la chose qu'on indique en disant si elle est plus près ou plus loin de nous, on joint au pronom les petits mots *ci* (c'est-à-dire *ici*) et *là*.

Pour indiquer un objet rapproché on dit *ci* :

1. Voir le *Manuel.*

Donnez-moi ceci.

C'est-à-dire *ce* qui est *ici*, tout près. Et de même :

Celui-ci, celle-ci, ceux-ci, celles-ci.

Pour désigner un objet plus éloigné nous disons : *cela*.

Apportez-moi cela.

c'est-à-dire *ce* qui est *là*, plus loin de moi que *ceci*; et de même :

Celui-là, celle-là, ceux-là, celles-là.

Observez cette opposition dans la phrase suivante :

De ces deux fleurs, celle-ci est la plus belle, celle-là est la plus parfumée.

Ici, mes enfants, faisons une réflexion. Puisqu'un pronom démonstratif, le pronom *ce*, par exemple, indique un objet, il peut servir à faire distinguer cet objet parmi d'autres. Si donc le pronom *ce*, qui montre, qui indique, est ajouté par nous au nom d'une chose, il servira à préciser, à *déterminer* cette chose, à la faire distinguer parmi d'autres choses qui portent le même nom.

En effet, quand on dit :

Donnez-moi *ce* livre

le pronom *ce* fait distinguer, détermine de quel livre on parle ; ce n'est pas un livre quelconque que nous demandons, c'est *ce* livre, le livre que voilà.

De même :

Cet homme (que voilà ou dont nous parlons),
Cette fleur (que nous voyons ou dont nous parlons).
Ces rosiers fleuris,
Ces hautes montagnes.

Vous n'avez pas oublié que les adjectifs joints aux noms pour les *déterminer,* sont appelés : adjectifs *déterminatifs.* Quand un pronom est employé de la même manière, on peut dire de même que c'est un pronom (*démonstratif*) *déterminatif.* Dans ce cas, vous indiquerez d'abord la nature du mot ; puis l'emploi qu'on en fait dans la phrase dont il s'agit.

QUESTIONNAIRE.

Quelle différence y a-t-il entre un nom et un pronom ?

Comment appelle-t-on les pronoms qui désignent les êtres ou les choses en les montrant ?

Les pronoms démonstratifs ont-ils une forme spéciale pour faire distinguer le genre et le nombre ?

Par quels pronoms désigne-t-on les personnes ou les choses les plus rapprochées? — Les plus éloignées?

Le pronom démonstratif peut-il servir aussi à déterminer? A quoi le joint-on alors?

EXERCICE.

Indiquer les pronoms démonstratifs, en marquer le genre et le nombre :

Cela vous étonne : et pourtant tout ce que je viens de vous raconter est vrai. — Que pensez-vous de ceci? — Tous s'en allaient gaîment, ceux-ci à pied, ceux-là montés sur des ânes. — La France et l'Espagne se touchent : celle-ci est plus chaude, celle-là est mieux cultivée. — Ils nous offrirent à choisir des fraises des bois, et des fraises cultivées : celles-ci étaient plus grosses, celles-là plus parfumées. — Nous irons à la pêche : ce sera très-amusant. — Notre jardin a deux portes : celle de la cour et celle du verger. — Quelle est la cloche que nous entendons? — C'est celle du village.

Indiquer le genre, le nombre et la fonction du pronom démonstratif dans les phrases suivantes :

Prenez ce flambeau et allez chercher le livre dont nous avons besoin pour faire ce travail. — A cet endroit le canal s'élargit et forme un étang paisible. — Ces fleurs qui s'épanouissent à la surface de l'eau sont des nénuphars. — Voyez cette maison rustique, ces vignes qui grimpent au pignon, ce lierre couvrant la vieille muraille, ce chèvre-feuille encadrant la porte. Au fond de la cour, regardez ce pressoir, cette petite grange; de l'autre côté, ce vieux puits délabré. Tout cela fut autrefois mon royaume. Cette fenêtre est celle où notre frère travaillait ; ce banc de pierre, près de la porte, est celui où notre mère venait s'asseoir. Je jouais sur ce perron. Je cueillais les fruits de ces grands arbres.

———

XIV. Les Pronoms personnels.

Quand deux personnes causent ensemble, chacune d'elles parle et écoute tour à tour. Il y a donc deux rôles dans la conversation : le rôle de celui qui parle, le rôle de celui qui écoute.

On appelle la personne qui parle : la *pre mière personne,* et celle à qui on parle : la *seconde personne.* Ces deux personnes parlent entre elles d'une chose, ou d'une autre personne. La chose ou la personne dont il s'agit, ne prend pas part à la conversation : seulement on parle d'elle. Ce dont on parle, personne ou chose, est appelé en grammaire la *troisième personne* (c'est-à-dire le troisième rôle).

« Moi, Lucien, je te dis Charles, que notre père va venir. »

Quelles sont les trois personnes, dans cette conversation ?

Évidemment, la première personne est Lucien, puisque c'est lui qui parle.

La seconde personne est Charles, puisque c'est à lui qu'on parle.

La troisième personne est le père, puisque c'est de lui que l'on parle.

Quand vous dites :

Je pense. — J'étudie.

c'est vous-même *qui parlez*, c'est vous que vous désignez par le pronom : *je*. Ce mot n'est pas votre nom, mais il en tient lieu puisqu'il vous désigne. *Je* est le pronom de la première personne, puisqu'il désigne celui qui parle.

Puis, si vous dites à l'un de vos amis :

Tu viendras avec nous.

Ce mot : *tu*, désigne celui à qui vous parlez. Le pronom *tu* indique la seconde personne.

Et si vous ajoutez :

Il ne viendra pas.

Ce pronom : *il*, désigne une autre personne qui n'étant ni vous, ni celui à qui vous parlez, est nécessairement la troisième personne.

Les pronoms qui indiquent ainsi les êtres et les choses en disant quel rôle ils ont dans la

conversation, s'appellent tout naturellement :
pronoms personnels.

Vous allez reconnaître, dans les phrases suivantes, les pronoms personnels ; et nous marquerons par un chiffre placé avant le signe du pronom, s'il désigne la 1re, la 2e ou la 3e personne.

La première personne, celle qui parle, dit au singulier :

> Je parle. — Louis me pousse. — Regardez-moi.
> 1|s 1|s 1|s

Et au pluriel, pour désigner ceux qui parlent ensemble ou sont en commun avec la personne qui parle :

> Nous venons. — Où allons-nous ?
> 1|p 1|p

A la seconde personne, à celle à qui l'on parle, on dit au singulier :

> Tu travailles. — Marie te cherche.
> 2|s 2|s]
> C'est toi qui chanteras.
> 2|s

Et au pluriel :

> Vous irez tous à l'école.
> 2|p

Je vous ai vus rire tous es deux.
2|p

Remarquez, mes enfants, qu'à la première et à la seconde personne, les pronoms personnels changent pour indiquer le singulier et le pluriel, mais restent les mêmes pour le masculin et le féminin. Ainsi un petit garçon dira :

Je suis content.
1m|s

et une petite fille :

Je suis contente.
1f|s

Tandis qu'à la troisième personne on dit, au singulier masculin :

Il est joyeux. — Je le vois.
3m|s   3m|s

et pour le féminin :

Elle est joyeuse. — Je la vois.
3s|f   3f|s

Le pronom : *lui,* est employé pour les deux genres :

Si tu le vois, parle-lui.
Si tu la vois, parle-lui.

Pour la troisième personne encore, on dit au masculin pluriel :

Ils sont honnêtes; allons avec eux.
3 *m* | *p*   3 *m* | *p*

au féminin pluriel :

Elles sont honnêtes; allons avec elles.
3 *m* | *p*   *m* | *p*

Et avec la même forme pour les deux genres :

Ces garçons, je les ai vus.
3 *m* | *p*

C'est-à-dire : j'ai vu eux.

Ces jeunes filles, je les ai vues.
3 *f* | *p*

C'est-à-dire : j'ai vu elles.

Je leur ai parlé à tous.
3 *m* | *p*

Je leur ai parlé à toutes.
3 *f* | *p*

Enfin, nous citerons encore les pronoms : *se*, *soi*, qui indiquent aussi la troisième personne, et servent pour les deux genres et les deux nombres :

Il *se* promène. — Elle *se* promène.
Ils *se* tutoient. — Elles *se* tutoient.
Chacun travaille pour *soi* et pour tous en même temps.

QUESTIONNAIRE.

Qu'appelle-t-on, en grammaire, la première personne? — La seconde personne? — La troisième personne?

Citer les pronoms de chaque personne, au singulier et au pluriel. Comment nomme-t-on ces pronoms?

Les pronoms de la première et de la seconde personne ont-ils la même forme pour les deux genres?

Y a-t-il des pronoms de la troisième personne qui aient une forme différente pour les deux genres? — Citez-en des exemples.

EXERCICE.

Indiquer les pronoms personnels qui se trouvent dans les phrases suivantes, en marquer la personne, le genre quand il y a lieu, et le nombre :

Si je suis content de vous, nous irons demain à la campagne. Vous vous lèverez de bonne heure, et nous ferons nos préparatifs. Toi, Louis, tu feras la provision de fruits; je te donnerai les poires; tu les disposeras dans le panier. Marie et Julie se chargeront du pain; elles le prendront frais, et le mettront au fond de la corbeille. Le garçon attellera la voiture; il nous conduira jusque sur la grande route. — Mon petit frère Georges, viens, disait Louise; et toi aussi, Maurice. Notre père est au bois, nous allons le retrouver. Nous n'emmenons pas Mimi; elle est trop petite, elle nous retarderait. — Pourtant, se disait Henry, il faut que je le retrouve; je lui demanderai pardon; je lui donnerai tout ce qu'il voudra pour qu'il me pardonne, comme fait une mère. — Le meunier soulève la vanne. Tout à coup l'eau jaillit; elle bondit par le conduit, elle se précipite sur la roue, elle écume, elle blanchit. La lourde roue cède à l'effort de l'eau, elle se met à tourner.

— L'égoïste ne pense qu'à soi; il ne se croit obligé à rien envers les autres.

Indiquer, en outre, dans les phrases précédentes, les noms et les adjectifs, en marquer le genre et le nombre.

XV. Les pronoms interrogatifs.

Quand vous désirez connaître une certaine personne ou une certaine chose, vous faites des questions, vous interrogez. Vous dites, par exemple :

> Qui a fait cela?
> Que voit-on là-bas?

Ces mots : *qui, que*, désignent la personne ou la chose que vous désirez connaître.

C'est comme si vous disiez :

Une personne a fait cela; faites-moi connaître cette personne.

On voit quelque chose là-bas; faites-moi connaître cette chose.

Les mots : *qui, que*, désignant cette personne ou cette chose inconnue de vous, et qu'il vous serait impossible de désigner par un nom, sont des pronoms. Et parce qu'ils servent à questionner, à interroger, on les nomme : pronoms *interrogatifs*.

Nous indiquerons cette fonction en mettant avant le signe du pronom le point d'interrogation : ?

Qui frappe à la porte?
? |

Il y a plusieurs pronoms interrogatifs : vous les connaissez déjà, car chaque jour vous en faites usage ; ils sont tous dérivés du pronom interrogatif *qui*.

Qui vient là? — *Que* dis-tu?
A *quoi* cela sert-il?

Qui, sert le plus souvent pour les personnes ; *que, quoi*, sont plutôt employés pour les choses.

On dit encore au singulier, en parlant d'une personne ou d'une chose du genre masculin :

Quel est ce garçon? — *Quel* est cet objet?

En parlant d'une personne ou d'une chose du genre féminin :

Quelle est cette jeune fille? — *Quelle* est cette maison?

Et au pluriel, en questionnant sur plusieurs

personnes ou plusieurs choses du genre masculin :

> *Quels* sont les fruits les plus tôt mûrs?
> *Quels* sont les garçons les plus sages de la classe?

et pour le féminin :

> *Quelles* sont les premières fleurs du printemps?
> *Quelles* graines avez-vous semées?

Les mots : *lequel, laquelle,* formés en ajoutant
le petit mot appelé l'*article* au pronom *quel,*
sont aussi des pronoms interrogatifs :

> *Lequel* de ces deux livres est le vôtre?
> *Laquelle* de ces maisons est la plus haute?
> Parmi tous nos écoliers, *lesquels* sont les plus studieux?
> De ces couleurs, *lesquelles* vous plaisent davantage?

Remarquez, mes enfants, que nous disons au
singulier :

> *Laquelle* de ces deux maisons est la plus haute?

il y a pourtant plusieurs maisons, mais nous
ne parlons que d'une seule, de celle qui est la
plus haute; il faut donc mettre au singulier
le pronom *laquelle* qui s'y rapporte. Et, en
effet, on vous répondra, au singulier :

> La plus haute est celle-ci.

Si vous demandiez :

Lesquelles sont les plus hautes?

vous parleriez de plusieurs maisons, et on devrait vous répondre, en vous en désignant plusieurs :

Les plus hautes sont celles-ci.

Cette fois encore, vous voyez que le pronom, comme l'adjectif, suit la pensée à travers les mots.

QUESTIONNAIRE.

Comment appelle-t-on les pronoms qui servent à interroger?

De quel pronom sont dérivés tous les pronoms interrogatifs?

EXERCICE.

Indiquer les pronoms interrogatifs, leur genre et leur nombre :

Qui est là? Qui frappe à la porte? Que faites-vous si tard? Que demandez-vous? — Que disiez-vous, je n'ai pas entendu? De qui parliez-vous? — Laquelle de ces deux gravures choisissez-vous? Que pensez-vous de celle-ci? — Quelle route allons-nous prendre? De quel côté nous diriger? A quoi reconnaîtrons-nous le sentier? Que faire? A qui demander notre chemin? — Lesquelles préférez-vous parmi les fleurs? — Quel est votre goût en fait de couleurs?

Indiquer, en outre, les noms et les adjectifs, en marquer le genre et le nombre.

XVI. Les pronoms relatifs.

Les pronoms : *qui, que, quoi*, avec leurs dérivés, sont appelés pronoms interrogatifs quand on s'en sert pour interroger. Mais nous allons voir, mes enfants, que les mêmes pronoms servent aussi à un autre usage.

Si l'on vous dit, par exemple :

Nous avons vu l'enfant qui courait.

Il n'y a pas là de question. Le pronom *qui*, n'est pas interrogatif dans cette phrase. Que fait-il donc là, ce pronom? Il nous fait connaître que l'enfant que nous avons vu, et l'enfant qui courait, sont le même enfant. C'est comme si nous disions :

Nous avons vu un enfant, — il courait.

Ce n'est pas une interrogation, vous le voyez; c'est plutôt comme une réponse qui serait faite à la première partie de la phrase. Si on vous disait seulement :

Nous avons vu l'enfant.....

la phrase ne serait pas complète, vous vous demanderiez : quel enfant? La seconde partie de la phrase répond à cette question :

Nous avons vu l'enfant. — Lequel? — Celui qui courait.

Alors nous savons de quel enfant on veut parler.

Quand le pronom *qui*, ou les autres pronoms de la même famille, ne sont pas employés pour interroger, mais sont, au contraire, joints à un mot, comme une explication répondant à une question de notre esprit, on ne doit pas les appeler pronoms interrogatifs : on les appelle pronoms *relatifs*. Ce mot *relatif* signifie que ces pronoms indiquent une *relation*, un rapport entre deux choses. Ils avertissent que ce qui va suivre se rapporte à la personne ou à la chose déjà connue.

Entends-tu le tonnerre qui gronde au loin?

Le pronom : *qui*, avertit que l'action exprimée par ces mots *gronde au loin*, se rapporte au tonnerre.

Indiquons la fonction des pronoms relatifs par un *r* écrit devant le signe du pronom.

C'est vous que j'attends.

r |

Ainsi, les pronoms : *qui, que, quoi,* et tous ceux de la même famille, sont, suivant les cas, des pronoms *interrogatifs* ou des pronoms *relatifs*. Ils sont relatifs chaque fois qu'ils ne sont pas interrogatifs; c'est-à-dire chaque fois que la phrase dans laquelle ils se trouvent ne contient pas une question.

Interrogatifs.	*Relatifs.*
Que vois-tu?	Ce que je vois.
A quoi penses-tu?	C'est ce à quoi je pense.
A quelle heure viendrez-vous?	Décidez à quelle heure nous devrons venir.
Duquel de ces hommes parlez-vous?	Voilà celui duquel nous parlons.
Auxquelles de ces fleurs donnez-vous la préférence?	Voilà les fleurs auxquelles nous donnons la préférence.

QUESTIONNAIRE.

Les pronoms qui servent à interroger, ont-ils un autre emploi?

Quand ces pronoms sont employés pour indiquer un rapport, une relation, comment les nomme-t-on?

EXERCICE.

Indiquer les pronoms interrogatifs et relatifs; marquer

leur fonction spéciale dans chaque circonstance, leur genre et leur nombre ;

Cette rose que vous venez de cueillir sera bientôt fanée. — Qui devient savant? Celui qui étudie avec persévérance. — A quoi pensiez-vous? A ce que vous avez dit hier. — Les feuilles qui tombent annoncent l'hiver. — La flamme qui petille dans la cheminée, égaye et ranime. — Que dessinez-vous? Ce que vous voyez : une maison. — La personne à laquelle vous avez parlé hier, est venue aujourd'hui ici. — Cette enfant, de laquelle vous avez examiné le travail, deviendra une grande artiste. — De qui parliez-vous? De cet enfant qui vient de passer, et qui conduisait par la main son petit frère.

Indiquer, en outre, les noms et les adjectifs, en marquer le genre et le nombre.

XVII. Élision des pronoms.

Nous venons de reconnaître différentes espèces de pronoms qu'on nomme, suivant leur emploi : pronoms *démonstratifs*, *personnels*, *interrogatifs*, *relatifs*. Il y a encore d'autres pronoms qui vous seront enseignés plus tard; ce qui importe pour le moment, c'est que vous sachiez bien reconnaître les quatre sortes que nous venons de citer.

Il y a certains cas, mes enfants, où vous

pourriez vous trouver embarrassés pour reconnaître les pronoms. Nous allons tâcher de vous épargner cet embarras. Certains pronoms finissent par une voyelle, exemple :

Me, je, te, le, la, se, moi, toi, soi, que.

Lorsque ces pronoms se trouvent devant un mot commençant par une voyelle, la prononciation de ces deux voyelles ferait un mauvais effet à l'oreille, comme dans ces mots : Je *la ai* vue. Alors on supprime la voyelle du pronom, et on la remplace par l'apostrophe ; '; ce petit signe sert à indiquer qu'on a *élidé*, c'est-à-dire supprimé une lettre. Ainsi, on écrit :

J'écoute, — au lieu de : — Je écoute.
Je t'aperçois, — au lieu de : — Je te aperçois.
Il s'admire, — au lieu de : — Il se admire.
Je l'ai vu, — au lieu de : — Je le ai vu.
Je l'ai vue, — au lieu de : — Je la ai vue.
Qu'attends-tu? — au lieu de : — Que attends-tu?

C'est à moi qu'appartient ce livre, — pour — : Ce est à moi que appartient ce livre.

Cette suppression de la voyelle finale du pronom se nomme *élision*.

QUESTIONNAIRE.

Qu'appelle-t-on élision?

Quel est le but de l'élision ?
Quels pronoms peut-on élider ?
Par quel signe indique-t-on qu'une lettre a été élidée ?

EXERCICE.

(Récapitulation des pronoms.)

Indiquer les pronoms, leur genre, leur nombre, leur fonction :

Je sortis de bonne heure, et j'allai m'asseoir à l'ombre d'un rocher. Je fis une guirlande de fleurs, et je l'offris à ma mère. — La Loire est le plus grand fleuve de France ; c'est aussi celui qui arrose les campagnes les plus fertiles. — Je m'attendais à te voir plus tôt, mais tu t'es attardé en route. Pendant ce temps je m'ennuyais, je ne savais que faire. Je suis monté sur la colline, pour voir si je t'apercevais de loin. Enfin, je me suis assis sur la pierre de la fontaine, et je me suis mis à lire en t'attendant. — Le cerf entend le son du cor. Il se dresse, il écoute avec inquiétude. Il s'élance, il se précipite à travers les sentiers étroits. Il se jette dans l'étang pour se rafraîchir, et pour faire perdre sa trace. — Un lièvre part. Le chasseur l'aperçoit à travers les buissons ; il l'ajuste, le tire.... et le manque. — Qu'attendez-vous ? J'attends que l'orage soit passé et qu'il ne tombe plus de pluie, pour me remettre en route. — Il m'a dit en partant qu'il reviendrait bientôt. — Qu'apercevez-vous à l'horizon ? Une barque de pêcheur qui regagne le port. — Votre mère est venue vous chercher. Je l'ai aperçue et je l'ai appelée, mais elle ne s'est pas retournée.

———

XVIII. Accord de l'adjectif avec le pronom.

La personne ou la chose à laquelle appartient la qualité indiquée par un adjectif, peut être désignée par un pronom, au lieu de l'être par un nom. Dans ce cas, l'adjectif doit s'accorder avec le pronom désignant cette personne ou cette chose. Il faut donc examiner si ce pronom désigne un seul être ou plusieurs, si cet être ou ces êtres sont du masculin ou du féminin, afin de savoir à quel genre et à quel nombre nous devons mettre l'adjectif.

Beaucoup de pronoms, nous l'avons vu, ont des formes différentes pour exprimer le masculin ou le féminin, le singulier ou le pluriel. Dans ce cas, raisonnez comme s'il s'agissait de noms dont le genre et le nombre vous sont connus.

> Il est instruit. — Elle est douce.
> Ceux-ci sont forts. — Celles-là sont sérieuses.
> Lui et elles sont turbulents.

Dans ce dernier cas, l'adjectif est au pluriel, puisqu'il s'agit de deux êtres ; et au masculin, puisque c'est au masculin que l'on doit mettre les adjectifs se rapportant à des noms de genres différents.

Il y a d'autres pronoms qui sont communs au masculin et au féminin, et qui, par conséquent, ne font pas connaître le genre. C'est alors surtout qu'il faut réfléchir. Puisque vous connaissez déjà la personne ou la chose dont il s'agit, examinez si cette personne ou cette chose désignée par le pronom, est du genre masculin ou du genre féminin.

Si c'est un garçon qui parle, il dira, au masculin :

Je suis vif.

Une petite fille dira, au féminin :

Je suis vive.

En parlant à votre père, vous dites :

Tu es bon.

Et à votre mère :

Tu es bonne.

Si c'est à plusieurs garçons que nous nous adressons, nous leur disons :

Vous êtes oublieux.

Et à plusieurs petites filles :

Vous êtes oublieuses.

Enfin, s'il y a dans la même phrase des êtres ou des choses appartenant aux deux genres, et désignés par le même pronom, vous devez mettre l'adjectif au pluriel et au masculin :

Mes frères et mes sœurs, vous allez être tous joyeux.

Ici, mes enfants, faisons une remarque.

Le pronom : *vous*, désigne naturellement le pluriel; pourtant, par politesse, on a l'habitude de dire *vous* en parlant à une seule personne. Comment faut-il mettre l'adjectif se rapportant au pronom *vous*, employé ainsi? Faut-il le mettre au pluriel? Non, parce que la qualité exprimée par l'adjectif appartient à une seule personne. Puisque *dans la pensée* il ne s'agit que d'une seule personne, l'adjectif doit être mis au singulier. Vous direz donc à votre institutrice :

Êtes-vous *contente* de moi?

Ou à votre maître :

Êtes-vous *satisfait* de mon travail?

En ceci, comme en tout ce qui règle le langage, c'est la réflexion, la pensée qui doit vous guider : ce ne sont pas tant les mots qu'il faut considérer, que les idées qu'ils expriment.

QUESTIONNAIRE.

Quand la qualité exprimée par l'adjectif se rapporte à un être ou à une chose désignée par un pronom, que faut-il faire pour savoir à quel nombre et à quel genre doit être mis l'adjectif?

Si le pronom désigne plusieurs êtres ou choses dont les noms soient de différents genres, à quel nombre et à quel genre faut-il mettre l'adjectif?

Quand le pronom *vous* se rapporte à une seule personne, à quel nombre faut-il mettre l'adjectif?

EXERCICE.

Indiquer le genre et le nombre des pronoms; y joindre des adjectifs convenables, et faire accorder.

La route que nous suivons nous fatigue; elle est …. — Je suis …. dit le bœuf; et moi, je suis …. repartit la chèvre. — Toi, mon garçon, dit le père, tu dessines trop rapidement; tu n'es pas assez …. Et toi, ma fille, ton dessin n'a pas la vigueur nécessaire; tu es trop …. — Toi et ton frère vous êtes …. — Le père dit aux trois sœurs : vous serez …. pendant mon absence. — Le climat de la Grèce est doux; celui de la Suède est …. — Les arbres de ce jardin sont trop vieux; ceux du nôtre sont plus ….

Ma sœur et moi, dit-il, nous sommes …. — Mon père, dit Marie, nous n'avons pas lieu d'être …. — L'heure du départ est …. celle du retour est …. — La fleur de cette plante est …. tandis que celle-ci sera …. — Qui de vous est le plus .... demanda le père à ses fils. — La maîtresse demanda à ses écolières : Qui de vous est .... de faire ce travail? — Vous êtes plus .... que moi, dit le jeune homme au vieillard; je suivrai vos conseils.

XIX. Nature de l'article.

Vous connaissez déjà le petit mot qu'on met avant les noms, et qu'on appelle l'*article*. Mais ce que vous ne savez pas, c'est que ce mot : *article*, signifie petit morceau, petit fragment. L'article, en effet, est *une moitié de pronom*, un pronom diminué, raccourci[1]. Et c'est pour cela qu'il remplit une fonction semblable en quelque chose à celle du pronom.

Vous savez, mes enfants, que lorsqu'on joint à un nom un pronom *démonstratif*, exemple : « *ce* livre », le pronom précise le livre dont vous parlez. Eh bien, l'article signifie également : *celui-ci, cette chose-là ;* c'est-à-dire : *la personne ou la chose dont nous parlons, et non pas une personne ou une chose quelconque.*

---

1. L'article français, *le, la, les*, est la contraction régulière, suivant les lois de la formation de notre langue, du pronom démonstratif *ille* (à l'accusatif *illum, illam ;* plur., *illos, illas.* Voir le *Manuel.*)

Donc il détermine les personnes et les choses, à peu près comme le fait le pronom démonstratif.

Quand nous disons : *la* maison, cela ne veut pas dire n'importe quelle maison ; cela veut dire : la maison que voici, la maison dont nous parlons.

Si vous dites : « Donnez-moi une lampe », on ira vous chercher la première lampe venue, ou bien on vous demandera : « Laquelle voulez-vous ? » parce que les mots : *une lampe* ne déterminent pas la lampe que vous voulez. Mais si vous dites : « Donnez-moi *la* lampe », il n'y a pas à se tromper. Il y a une lampe que vous désignez entre toutes les autres, et c'est celle-là que vous demandez. L'article : *la*, précise la lampe que vous voulez. De même, si on vous dit :

La porte s'ouvre ; on voit un chien paraître sur le seuil.

C'est un chien qui paraît ; mais lequel ? Un chien quelconque. Nous ne le connaissons pas ; nous n'avons pas encore parlé de lui.

Mais si un instant après on ajoute : « *Le chien* entre dans la maison. » Cette fois, ce n'est plus un chien quelconque, c'est le même que nous avons vu paraître sur le seuil, dont on nous a déjà parlé. L'article *le*, détermine de quel chien il est particulièrement question.

Le lilas est fleuri.

Quel lilas? — Le lilas que nous voyons ou dont nous avons déjà parlé, celui que nous connaissons.

Puisque l'article démontre à l'esprit une personne ou une chose entre plusieurs autres, il est bien réellement un diminutif du pronom démonstratif.

Pour désigner l'article, nous le marquerons d'un petit trait, dirigé dans le même sens que celui dont nous nous servons pour le pronom, mais moitié plus petit, afin de nous rappeler que l'article est un demi-pronom.

Le garçon cueille les cerises.

L'article, comme les adjectifs et les pronoms, a des formes différentes pour désigner le masculin et le féminin, le singulier et le pluriel. Par exemple, on dit au singulier masculin :

Le garçon adroit,
Le lilas est fleuri.

et au singulier féminin :

La jeune fille chante.
f | s

Au pluriel, pour le masculin :

Les beaux fruits.
m | p

et pour le féminin :

Les belles poires.
f | p

Vous voyez qu'au pluriel l'article est semblable pour les deux genres.

QUESTIONNAIRE.

Que signifie le mot *article?* — De quoi est formé l'article ? A quoi sert l'article ?

Quelle est la forme de l'*article* pour le masculin au singulier? au pluriel? — pour le féminin au singulier? au pluriel?

EXERCICE.

Indiquer les articles, en marquer le genre et le nombre, dans le premier alinéa de l'exercice du paragraphe précédent. En expliquer oralement la fonction.

XX. Élision de l'article.

Vous savez déjà que, lorsqu'un pronom est terminé par une voyelle, et que le mot suivant commence par une voyelle, on élide la voyelle du pronom pour éviter un effet désagréable à l'oreille. On fait de même pour les deux articles du singulier : *le, la,* qui sont aussi terminés par une voyelle. Si le mot qui suit ces articles commence par une voyelle, on élide l'*e* ou l'*a* de l'article, et on remplace cette lettre par l'apostrophe.

Vous savez, en effet, qu'on dit :

L'ami — et non pas — le ami.
L'oiseau — et non pas — le oiseau.
L'image — et non pas — la image.
L'eau — et non pas — la eau.

On élide de même l'*e* et l'*a* de l'article dans un grand nombre de mots commençant par l'**h** qui ne compte pas, et qu'on ne fait nullement sentir dans la prononciation.

Ainsi, on dit :

L'homme — et non pas — le homme.
L'histoire — et non pas — la histoire.

Mais quand l'**h** indique qu'il faut aspirer la

voyelle qui le suit, il compte, et alors on n'élide pas l'article. On dit :

La haie, le hameau, le hibou, le haricot ; — et non pas — l'haie, l'hameau, l'hibou, l'haricot.

Mais, penserez-vous peut-être, puisque l'apostrophe remplace l'*e* pour le masculin et l'*a* pour le féminin, quand nous verrons l'*article élidé*, *l'*, qui nous dira si c'est un *e* ou un *a* qui est retranché? et par conséquent, à quoi reconnaîtrons-nous si l'article représenté par *l'* est masculin ou féminin? Alors, mes enfants, regardez de quel genre est le nom déterminé par l'article; et puisque l'article s'accorde avec lui, vous en connaîtrez aussitôt le genre. Ainsi :

L'hiver est froid.
m |

Puisque le nom *hiver* est masculin, l'article élidé *l'* est ici masculin.

Dans cette phrase :

L'abeille pique.
f |

Le nom *abeille* étant féminin, l'article élidé *l'* est aussi féminin.

QUESTIONNAIRE.

Quand l'article doit-il être élidé ?
Quand doit-on élider l'article devant l'*h* ?

EXERCICE.

Indiquer le genre de l'article (élidé) dans les phrases suivantes :

Il ne faut pas trop se fier à l'apparence. — L'horizon blanchit à l'aube. — L'orge et l'avoine sont montées en épis. — L'oiseau fait son nid quand l'aubépine fleurit. — L'ardoise est un schiste argileux.

Déterminer, au moyen de l'article, les noms des phrases suivantes :

.... fenêtre garnie de chèvrefeuille. — .... feu a pris à .... maison. — Allez serrer .... poires dans .... fruitier. — .... angle droit est formé par .... rencontre de deux lignes perpendiculaires. — .... édifice sera bâti sur .... terrain. — .... isthme est .... bande de terre qui rejoint .... presqu'île au continent. — .... orage va éclater. — .... haie toute fleurie entoure .... jardin. — .... hiver froid et prolongé fait périr .... larves des insectes. — .... haricot a deux cotylédons. — .... hameau est bâti sur .... penchant de .... colline.

XXI. Le Verbe.

Un mot qui exprime une action est un verbe. Quand nous disons :

Je chante une chanson.
Nous chanterons en chœur.

Ils chantèrent en revenant de la fête.
Chantons avec ensemble.

Ces mots : *chante*, *chanterons*, *chantèrent*, *chantons*, sont-ils autant de verbes différents? Non, mes amis, c'est toujours le même verbe, le verbe *chanter*, puisque c'est toujours la même action qui est exprimée. Seulement il y a des changements dans la forme. Et pourquoi ces changements? Parce qu'il ne suffit pas d'exprimer une action pour se faire comprendre. Si on vous disait seulement le mot : *chanter*, cela ne vous apprendrait pas grand'chose. Vous sauriez de quelle action il s'agit, mais vous ne sauriez ni par qui, ni quand, l'action de chanter a été faite ou doit l'être. Eh bien! ces changements de forme dans la terminaison du verbe ont justement pour objet de nous faire connaître les diverses *circonstances* de l'action; c'est-à-dire, par quelle *personne*, dans quel *temps*, et de quelle *manière* elle est faite, l'a été, ou le sera.

Dans vos analyses vous marquerez les verbes d'un trait horizontal, ainsi que dans cette phrase :

L'enfant joue, bondit et cueille des fleurs.

Le verbe subit-il des changements de forme? Quelle est l'utilité de ces changements?

Quelles sont les diverses circonstances de l'action que ces changements expriment?

EXERCICE.

Indiquer par le signe convenu les verbes contenus dans les *Lectures* de la 3e *année*, intitulées : *Les Nuages*.

XXII. Les personnes et le nombre dans le verbe.

La première chose à connaître, c'est *par qui* l'action est faite, c'est-à-dire, quel est le sujet du verbe. Vous avez déjà appris à trouver le *sujet* des verbes, et vous savez que l'être ou la chose qui fait l'action, est désigné par un nom ou par un pronom. Mais il y a ici une distinction à faire.

Le sujet, qui fait l'action, est nécessairement soit la personne qui parle, soit la personne à qui l'on parle, soit une personne ou une chose de qui l'on parle. Si je dis :

Je cours.

Quel est le sujet qui fait l'action de courir? C'est moi-même; et je suis désigné par le pronom *je* qui indique la première personne. On dit alors que le verbe est à la première personne. Dans ces phrases :

Je pense.   — Je chanterai.
Je dormais. — Je travaille.

Les verbes sont à la première personne. Ils sont aussi au singulier, car il ne s'agit que de moi seul; tandis que dans celles-ci :

Nous dansons.   — Nous travaillerons.
Nous partîmes. — Nous reçûmes.

Les verbes sont encore à la première personne, puisque l'action est faite par les personnes qui parlent; mais elles sont plusieurs, ainsi que l'indique le pronom *nous*. Le sujet de l'action étant au pluriel, le verbe y est aussi.

La personne qui fait l'action peut être celle à qui l'on parle. Si je dis :

Tu cours. — Tu dors.

Qui est-ce qui fait l'action de courir? de dormir? C'est *toi*, à qui je parle. Puisque les pronoms *tu, toi,* désignent la seconde personne, les

verbes *courir* et *dormir* sont à la seconde personne, comme leur sujet. Ils sont aussi au singulier, puisqu'il ne s'agit que d'un seul être.

Mais si nous disons :

Vous vendez — Vous achèterez — Vous écriviez

Qui est-ce qui vend? qui achètera? qui écri-
vait? Vous. C'est encore la seconde personne,
mais au pluriel, comme l'indique le pronom
vous.

Enfin, très-souvent, le sujet qui fait l'action
n'est ni la personne qui parle, ni celle à qui l'on
parle; c'est la personne, ou la chose de qui
l'on parle.

Il accourt — Elle cousait

Qui est-ce qui accourt? qui est-ce qui cousait? Ce n'est ni moi, ni toi, ni nous, ni vous;
c'est une autre personne. C'est *lui*, c'est *elle;* le
sujet du verbe est à la troisième personne,
comme le désignent les mots *il*, *elle*, pronoms
de la troisième personne du singulier. Mais si
on dit en parlant de petits garçons :

Ils cueillent des fruits.

ou en parlant de petites filles :

Elles boivent à la source.

les verbes *cueillir*, *boire*, sont encore à la troisième personne; mais ils sont au pluriel, puisque le sujet est plusieurs petites filles, et plusieurs petits garçons. Les pronoms *ils*, *elles*, qui les désignent, sont en effet ceux de la troisième personne au pluriel.

Ainsi, lorsque le sujet d'un verbe est désigné par un pronom personnel, le pronom indique à quelle personne est le verbe, et s'il est au singulier ou au pluriel.

Vous indiquerez la personne du verbe par les nombres 1, 2, 3, écrits *au-dessous* du signe à gauche, et le singulier ou le pluriel par les lettres *s* ou *p*, à droite :

Je planterai des giroflées.
1|s   1   s

Tu craignais l'orage.
2|s   2   s

Il voyage en Amérique.
3 m|s   3   s

Elle aime à rendre service.
3f |s   3   s

Nous étudions l'histoire.
1|p   1   p

Vous écoutiez le bruit du vent.
2|p   2   p

Ils se perdirent dans la forêt.
3 m|p   3 p

Elles gravirent la colline.
3f| p   3 p

Comment distinguez-vous à quelle personne est le verbe quand le sujet est un pronom?

Mettre à la première personne du singulier les phrases suivantes (verbe et pronom, sans changer ni le temps ni le mode) :

Il étudie la géographie. — Il accorde le violon. — Nous plantons des choux. — Vous lancez une flèche. — Ils brodent un col. — Ils gardent les troupeaux dans la plaine.

Mettre à la seconde personne du singulier :

Il touche l'orgue. — Nous voyageons en France. — Vous traversez la rivière en bateau. — Elles partent pour la campagne. — Ils battent l'orge sur l'aire.

Mettre à la troisième personne du singulier, avec un pronom pour sujet, les phrases suivantes :

J'accepte ton cadeau. — Tu affûtes le ciseau. — Vous tachez votre robe. — Ils président l'assemblée. — Elles lavent le linge à la rivière.

Mettre à la première personne du pluriel :

Vous étouffez la braise. — Ils chauffent le four. — Je pousse la porte. — Je scie le bois. — Il moule une statue. — Vous appelez le chien.

Mettre à la seconde personne du pluriel :

Il brûle du charbon. — Tu sarcles les plates-bandes. — Il comble le fossé. — Elle console les affligés. — Nous criblons le froment.

Mettre à la troisième personne du pluriel avec un pronom pour sujet :

Elle file la laine des brebis. — Tu gonfles le ballon. — Je meuble la maison. — Nous faisons du filet. — Tu oublies tes cahiers.

XXIII. Les personnes et le nombre dans le verbe (suite).

Quand le sujet d'un verbe est désigné par un nom, il est évident que ce sujet n'est ni la première, ni même ordinairement la seconde personne; mais *celle dont on parle* en la désignant par son nom. Le verbe est alors à la troisième personne. Ainsi :

Mathurin conduit la charrue.

Qui est-ce qui conduit la charrue? Ce n'est ni vous, ni moi; c'est lui, Mathurin; c'est la troisième personne.

Il reste à connaître si c'est au singulier ou au pluriel que doit être le verbe. Si une seule personne ou une seule chose fait l'action, le sujet est au singulier, et le verbe est à la troisième personne du singulier, comme ici :

1. Voir le *Manuel*.

Le chasseur sonne du cor.
La neige blanchissait la campagne,

Si le sujet est un nom pluriel, l'action étant faite par plusieurs êtres ou plusieurs choses, le verbe est alors à la troisième personne du pluriel :

Les oiseaux construisent leurs nids.
Les feuilles des arbres jaunissent et tombent à l'automne.

Enfin, si plusieurs noms sont sujets d'un même verbe, quand même chaque nom serait au singulier, c'est que l'action est faite par plusieurs personnes ou plusieurs choses; et le verbe est encore au pluriel. Exemple :

Paul et Marie coururent au jardin.
Le lierre et la ronce croissaient le long du mur.

Vous raisonnez encore de même si, au lieu d'être appelés par leurs noms, les êtres ou les choses sont indiqués par des pronoms démonstratifs qui ne désignent évidemment ni la première ni la seconde personne; exemple :

Celui-ci étudie l'histoire, et ceux-là apprennent
3 s   3 p
la géographie.
Celui-ci et celui-là dessineront des fleurs.
p

Pour indiquer à quelle personne et à quel nombre se trouve un verbe, on change simplement sa terminaison. Ainsi, voyez les différentes terminaisons du verbe *aimer*, suivant la personne et le nombre :

Singulier

1re personne *J'aime* ma mère,
2e   —   Tu *aimes* la campagne,
3e   —   Il *aime* à modeler.

Pluriel

1re personne Nous *aimons* notre patrie,
2e   —   Vous *aimez* la musique,
3e   —   Ils *aiment* la France.

L'habitude du langage vous aidera beaucoup à reconnaître tous ces changements de forme; mais en outre, ils sont soumis à des règles que nous vous apprendrons plus tard.

Comptons bien. Nous avons considéré jusqu'ici dans le verbe :

Deux nombres : le singulier et le pluriel.

Trois personnes dans chaque nombre; c'est-à-dire, trois personnes au singulier, et trois personnes au pluriel.

QUESTIONNAIRE.

Quand le sujet du verbe est indiqué par un nom, à quelle personne est ordinairement ce verbe ?

A quel nombre doit être mis ce verbe?

Si le verbe a plusieurs noms pour sujets, à quel nombre doit être le verbe?

EXERCICE.

Mettre les verbes à la troisième personne du pluriel avec deux noms pour sujets, dans les phrases suivantes :

Louis accourt. — Hélène lisait à l'ombre. — Le lilas.... fleurit au printemps. — Les poires.... mûrissent à l'automne. — Une rivière arrose la vallée.

La lampe éclaire la chambre. — La fumée s'élève par la cheminée. — Une vache paît dans le pré. — Un rossignol chantait hier soir.

... aime les terrains humides. — ... embaume l'air autour de nous. — ... entoure l'étang d'une guirlande de verdure. — ... sert pour tisonner le feu dans la cheminée.

XXIV. Les temps du verbe.

Nous vous avons dit l'année dernière qu'il y a trois époques dans la durée : le présent, le passé et l'avenir ou le *futur*. Quand vous entendez énoncer un verbe, vous savez distinguer laquelle de ces trois époques ou de ces trois temps il indique. Pour marquer les temps du verbe, dans vos analyses, vous représenterez le présent, qui passe si vite, par un point; le passé par un *p*; et le futur par un *f*, placés *au-dessus* du signe, à gauche.

Je lis — Tu pensais — Il viendra

p   *f*

Le présent ne dure qu'un instant; il n'a qu'un seul moment, le moment où l'on est. Il ne peut donc y avoir qu'un seul temps présent à exprimer.

Mais au contraire, une action passée peut être passée depuis un instant, ou depuis hier, depuis un jour, ou un an, ou cent ans.... Il y a donc des temps qui sont passés depuis plus ou moins longtemps. Il faut qu'il y ait une manière d'exprimer les différentes époques du passé; il faut que le verbe ait plusieurs *temps passés*.

Le temps futur peut, de même, être plus ou moins éloigné dans l'avenir; bientôt, demain, dans un mois, dans un an, dans cent ans.... Il y a donc aussi plusieurs époques dans l'avenir; et pour exprimer ces différentes époques, il faut que le verbe ait plusieurs *temps futurs*.

Pour indiquer le moment présent, et les différentes époques du passé et du futur, on change quelque chose à la terminaison du verbe. Voyez, comme exemple, les changements de forme qu'on fait subir au verbe *lire*, pour exprimer la différence des temps :

Première personne du singulier :

Présent : Je lis maintenant.

Passé { Je lisais ce matin,
{ Je lus beaucoup ce jour-là.

Futur : Je lirai demain.

Seconde personne du singulier :

Présent : Tu lis aujourd'hui.

Passé { Tu lisais ce matin,
{ Tu lus l'autre jour.

Futur Tu liras plus tard.

Troisième personne du singulier :

Présent : Il lit en ce moment.

Passé { Jules lisait l'an dernier,
{ Marie lut hier.

Futur : Elle lira la semaine prochaine.

Première personne du pluriel :

Présent : Nous lisons.

Passé { Nous lisions,
{ Nous lûmes.

Futur : Nous lirons.

Seconde personne du pluriel :

Présent : Vous lisez.

Passé   { Vous lisiez,
{ Vous lûtes.

Futur :   Vous lirez.

Troisième personne du pluriel :

Présent :   Ils lisent.

Passé   { Les enfants lisaient,
{ La mère et la fille lurent.

Futur :   Elles liront.

Ainsi, dans tous les verbes il y a des *formes différentes*, non-seulement suivant les personnes et le nombre, mais aussi suivant le temps de l'action.

Les temps de l'action qui s'expriment comme nous venons de le voir, c'est-à-dire par un simple changement à la terminaison du verbe, sont appelés les *temps simples* du verbe, parce que le verbe seul suffit pour les exprimer.

QUESTIONNAIRE.

Quelles sont les trois époques de la durée ou du temps ?
Peut-il y avoir plusieurs temps (ou époques) présents ?
Peut-il y avoir plusieurs temps (ou époques) passés ?
Peut-il y avoir plusieurs temps (ou époques) futurs ?
Y a-t-il une forme différente pour chaque temps, à chaque personne du singulier et du pluriel ?

EXERCICE.

Mettre au présent les verbes suivants, sans changer la personne (ni le mode) :

Je récolterai des châtaignes. — Nous arrivâmes par la route. — Vous cultiverez des herbes médicinales. — Les enfants coururent au-devant de leur père. — Le chat guetta l'oiseau. — L'oiseau s'envolera de la branche.

Indiquer la personne, le nombre du verbe, le sujet dans les phrases ainsi modifiées.

Indiquer dans les phrases suivantes, le nombre, la personne, le temps, le sujet :

Il faisait froid ; la neige était sur la terre ; les grands sapins devinrent tout blancs, et l'on comprit que bientôt des aiguilles de glace pendraient aux bords des toits.

Avant de se transformer en papillon, le ver à soie se suspendra aux rameaux et s'enveloppera dans un cocon ; il filera un fil admirablement fin et souple, qu'il fixera aux branches, qu'il entourera et pelotonnera autour de lui.

XXV. Les temps du verbe (suite).

Il y a, disons-nous, plusieurs époques dans le passé et plusieurs époques dans l'avenir. Y a-t-il une manière particulière de terminer le verbe pour désigner chacune de ces époques ? Non, mes enfants, ce changement n'est point nécessaire, en voici la preuve :

Supposons qu'hier, au moment où vous veniez de finir une lecture, le tonnerre s'est mis à gronder. Si vous voulez le raconter, comment vous exprimerez-vous? Voyons : Le tonnerre a grondé. — Quand? — Hier (temps passé). A ce moment votre lecture était finie. Le temps où vous lisiez était passé avant que l'orage grondât; et l'orage est passé aussi. Alors on s'exprime de cette manière :

Nous *avions lu* quand le tonnerre gronda.

Nous *avions lu*. Ainsi on emploie deux mots pour exprimer cette époque particulière du passé. Et il le fallait bien, car si vous aviez dit :

Nous *lisions* quand le tonnerre gronda,

cela aurait signifié que la lecture durait encore au moment de l'orage. Or, ce n'est pas cela que vous voulez dire, puisque votre lecture était achevée.

Ainsi, il y a des temps du passé et du futur pour lesquels les verbes n'ont pas de forme particulière. Pour désigner ces époques[1] on va, pour ainsi dire, demander secours à d'autres verbes[2], et l'on emploie deux mots au lieu d'un seul.

Les temps de l'action exprimés par deux

____

1. Ou *temps*. — 2. Verbes employés auxiliairement.

mots, sont appelés *temps composés*. Remarquez que ce n'est pas le temps lui-même qui est composé, mais seulement l'expression qu'on emploie pour le désigner[1].

QUESTIONNAIRE.

Y a-t-il une forme particulière du verbe pour exprimer chacune des époques du passé et de l'avenir?

Y a-t-il une forme particulière du verbe pour exprimer un temps passé avant un autre temps passé aussi?

Que signifie cette expression : *temps composé?*

EXERCICE ORAL.

Exposer les rapports de temps entre les verbes de chacune des phrases suivantes ;

Nous lisions à l'ombre d'un arbre : tout à coup la pluie commença. — Quand nous arrivâmes à la maison, la nuit était déjà tombée. — Quand les froids seront passés, les hirondelles reviendront dans nos climats. — Lorsque vous aurez achevé votre esquisse, je vous donnerai un autre modèle. — A peine la foudre eut-elle éclaté, que la grêle se mit à tomber. — La mère fut rassurée quand l'enfant fut revenu. — Dès que le mois de mai sera à moitié écoulé, on verra s'ouvrir les fleurs roses des pommiers. — Nous accourûmes au secours de la poule qui se défendait contre le renard ; mais hélas ! il n'était plus temps : la bête carnassière l'avait étranglée. — Quand le vent souffle et gémit aux portes, quand la neige tourbillonne sous le ciel gris,

1. Voir le *Manuel*.

le rouge-gorge se rapproche de nos demeures; il vient frapper du bec à nos vitres, et demande un abri.

Indiquer le nombre, la personne du verbe ; le sujet et l'objet de l'action quand il y a lieu.

XXVI. Les modes du verbe. — L'Indicatif.

Il ne suffit pas de connaître par qui l'action est faite, et dans quel temps. Il faut encore savoir de quelle façon le verbe l'exprime.

Lorsque vous dites : « Si vous me donniez un livre, je lirais. » Le verbe exprime bien l'action *lire;* mais il indique qu'il y a une condition nécessaire pour que vous lisiez : cette condition, c'est qu'on vous donne un livre. Sans cela vous ne pouvez pas lire.

Si vous dites : « Écoutez! » vous indiquez l'action d'écouter, mais vous l'exprimez d'une certaine façon. Ce n'est plus, comme tout à l'heure, moyennant une condition que l'action aura lieu. Elle aura lieu parce que vous l'ordonnez. Vous voulez qu'on écoute, puisque vous dites : Écoutez! Ceci est une autre manière d'exprimer l'action.

Le verbe a donc plusieurs manières d'exprimer l'action; et comme le mot *mode* signifie exactement *manière*, on dit : le verbe a plusieurs *modes*.

Le mode le plus simple d'exprimer l'action, c'est de dire positivement qu'elle se fait, qu'elle est faite ou se fera.

Je cours au jardin.

Dans cette phrase, le verbe indique simplement que je fais l'action, que je cours.

Tu appelas ta mère.

Le verbe indique positivement que l'action d'appeler a eu lieu.

La plante fleurira bientôt.

Le verbe indique ici simplement que la plante fera l'action de fleurir.

Ce mode indiquant simplement que l'action du verbe est faite, l'a été, ou le sera, est appelé *indicatif*. Ainsi, dans les exemples précédents, les mots : *cours, appelas, fleurira*, sont des verbes employés au mode indicatif, que ce soit au présent, au passé, ou au futur.

Voici d'autres exemples de verbes employés au même mode :

Présent :

Je viens,
Vous écoutez,
Le vent siffle, les arbres ploient.

Passé :

Je regardais les nuages dorés du couchant.
Déjà les étoiles brillaient.
L'oiseau se tut et s'envola vers son nid.

Futur :

Quand vous reviendrez du bois, vous passerez sur le pont.

QUESTIONNAIRE.

Le verbe a-t-il des formes différentes pour les différentes manières ou modes d'exprimer l'action ?

Comment nomme-t-on le mode qui indique simplement que l'action se fait, est faite, ou se fera ?

EXERCICE.

Reconnaître et marquer les verbes au mode indicatif dans les phrases suivantes :

Les étoiles commencent à se montrer au ciel ; et sur la terre tout s'endort. L'air est calme et silencieux ; on entend à peine le bruissement des feuilles, et les petits frôlements des insectes nocturnes qui cheminent dans l'herbe. — Hier, le temps était sombre ; la pluie tombait par ondées. Le vent humide et froid faisait frissonner les feuilles des arbres. On eût dit que c'était encore l'hiver ; et pourtant les lilas fleurissaient. Mais ce matin le jour s'est levé radieux : le ciel est tout bleu. Où sont les nuages ? Le beau soleil réjouit les fleurs dans le jardin et les petits oiseaux dans les branches. — Alors, ils iront chercher des brins de mousse ; ils iront prendre aux peupliers et aux chardons les houppes cotonneuses de leurs graines. Ils enlèveront aux haies les flocons de laine que les brebis y laissent, et iront prendre dans les basses-cours, les duvets tombés des ailes des oiseaux domestiques. Le nid sera mollement rembourré ; les matières les plus raides seront placées en dessous, et par-dessus seront étendus le duvet et la laine.

XXVII. Les modes du verbe. — L'Impératif.

La seconde manière d'exprimer l'action c'est de commander, ou simplement de demander, ou même de prier qu'elle se fasse :

Reste ici : je te défends de sortir.
Pars, cours vite : on t'attend.
Regardez cette fleur et *respirez* son parfum, je vous prie.
Accordez-moi cette faveur ; je vous le demande en grâce.

Le mode qui sert à exprimer le commandement impérieux, la demande ou la prière, se nomme *impératif*.

Dans les exemples qui précèdent : *reste, pars, cours, regardez, respirez, accordez,* sont des verbes à l'impératif.

Ceci est très-simple ; mais faisons une remarque. On ne se commande pas à soi-même, on ne se prie pas non plus ; il était donc inutile d'avoir une forme pour la première personne à l'impératif. Aussi il n'y en a pas, du moins au singulier. Mais l'impératif a une première personne au pluriel, et cela se comprend ; quand on est plusieurs, on peut se demander les uns aux autres de faire quelque chose en commun, comme l'indiquent les mots suivants :

Allons ; — c'est-à-dire : je demande que nous allions tous.
Chantons ; — c'est-à-dire : je demande que nous chantions tous.

On peut également commander à celui ou à ceux à qui l'on parle ; il en résulte qu'il y a à l'impératif une seconde personne au singulier et au pluriel.

Lis — Lisez
Dors — Dormez

Peut-on aussi adresser un commandement ou une demande à la troisième personne? Réflé chissez.... Évidemment non, puisque ce n'est pas à cette personne-là que l'on parle ; on parle d'elle, mais on ne s'adresse pas à elle. Si on lui commandait quelque chose, on lui parlerait, alors elle ne serait plus la troisième personne, elle serait la seconde.

Puisqu'on ne peut pas commander à la troisième personne[1], il n'y a pas de troisième personne au mode impératif.

Voici comme exemple l'impératif du verbe *Marcher* :

SINGULIER

1re personne   —
2e   »   marche.
3e   »   —

PLURIEL

1re personne : marchons.
2e   »   marchez.
3e   »   —

Remarquons, mes enfants, qu'on ne met pas de pronom personnel avant le verbe à l'impératif; la terminaison suffit pour faire connaître si la personne à qui l'on adresse l'ordre, ou la prière, est la première ou la seconde, au singulier ou au pluriel.

Viens, mon fils. — Accourez tous, enfants; dansons une ronde.

Raconte ton histoire, vieillard; et nous tous, écoutons.

1. Directement.

QUESTIONNAIRE.

Comment nomme-t-on le mode du verbe qui exprime un commandement ou une prière ?

Pourquoi le verbe n'a-t-il pas de première personne au singulier du mode impératif ?

Pourquoi a-t-il une première personne au pluriel ?

Pourquoi n'a-t-il pas de troisième personne au singulier, ni au pluriel ?

Met-on les pronoms personnels avec le verbe à l'impératif ?

Qui fait reconnaître la personne ?

EXERCICE.

Indiquer les verbes au mode impératif dans les phrases suivantes :

Jolie petite mouche dorée, bourdonne ton doux chant de joie ; le soleil est beau, l'air est tiède ; voltige des fleurs odorantes aux blancs rideaux de la fenêtre ; Louise ne te poursuivra pas, elle ne t'arrachera pas les ailes. — Tenez, mes petits amis, examinez bien cette carpe, vous aurez une idée de la forme générale des poissons. — Approche, regarde ! là, sous le buisson, vois-tu ce joli insecte ? Tâche de t'en emparer, mais ne lui fais pas de mal. — Répondez-moi, dit la mère, et prouvez-moi, si vous le pouvez, que vous n'avez pas pu faire autrement. — Arrachez, brisez, mettez tout en pièces, cria le comte, nous verrons si quelqu'un osera s'opposer à mes ordres ! — Grâce ! seigneur, s'écria le paysan, épargnez la cabane du pauvre ; ne dévastez pas sa moisson ; ne dispersez pas son troupeau !

Mettez au mode impératif les phrases suivantes :

Nous cherchons des bluets dans les blés, nous cueillons des pâquerettes parmi les herbes de la prairie. — Vous choisirez un modèle parmi ces jolis dessins. — Tu courras au-devant de notre oncle, tu lui porteras cette lettre. — Nous marchons le long de la haie et nous sautons le ruisseau. — Nous choisissons les branches d'osier les plus flexibles, et nous tressons de rustiques corbeilles. — Nous en doublerons l'intérieur de verdure, et nous y déposerons les plus beaux fruits.

Indiquer le sujet et l'objet de l'action dans les phrases précédentes.

XXVIII. Les modes du verbe. — Le Conditionnel.

Je suppose que votre père s'adressant à vous, commence ainsi :

Je vous raconterais une histoire.....

Avant qu'il ait fini sa phrase, vous devinez qu'il y a une *condition;* vous attendez un « *si* » qui va venir :

Je vous raconterais une histoire *si...* vous vouliez faire silence.

Qui vous a fait deviner qu'il y avait un *si,* même avant qu'il fût prononcé? C'est la forme du verbe employée par votre père : Je *raconterais.* Quand vous avez entendu : *raconterais,* vous avez compris qu'il y avait une condition au récit.

Cette manière d'exprimer qu'une action aura ieu moyennant une condition, s'appelle le mode *conditionnel*.

Je *viendrais* si vous vouliez.

L'eau de l'étang s'*écoulerait* si la digue venait à se rompre.

Ces grands arbres sont penchés sur l'eau ; ils y *tomberaient*, sans leurs grosses racines qui les retiennent.

Si la nuit venait, nous *pourrions* nous égarer dans le bois.

Que *feriez*-vous si l'orage éclatait ? — Nous nous *mettrions* à l'abri dans le creux de ce rocher.

QUESTIONNAIRE.

Comment nomme-t-on le mode du verbe qui exprime l'action avec une idée de condition ?

EXERCICES.

Indiquer les verbes au mode conditionnel dans les phrases suivantes :

Si la pluie ne tombait pas, le sol se dessécherait ; les herbes jauniraient et se flétriraient ; bientôt les arbres eux-mêmes périraient. Les sources tariraient, les ruisseaux cesseraient de couler, on verrait les rivières et les fleuves à sec. — Si vous preniez un microscope pour examiner une touffe de mousse, cette mousse vous paraîtrait comme une forêt en miniature ; chaque brin vous ferait l'effet d'un arbre, et les petits animaux qui rampent entre ces brins vous sembleraient des bêtes sauvages de formes monstrueuses. — Qu'arriverait-il, mes enfants, si cette force qu'on appelle la *pesanteur* cessait d'agir ? Rien de ce que vous voyez ne subsisterait. Les maisons et tous les objets cesseraient de s'appuyer sur le sol ; les rivières et les fleuves cesseraient de couler ; les mers sortiraient de leur lit. Nous-mêmes, comme tout ce qui ne serait pas très-fortement accroché au sol, nous serions à l'instant même lancés à travers l'espace avec une vitesse effrayante.

Indiquer en outre le temps, le nombre, la personne, le sujet, l'objet.

Mettre à l'indicatif les phrases suivantes :

Vous déchireriez vos vêtements aux épines. — Vous vous égareriez dans le bois. — Tu tomberais peut-être dans le fossé. — Je marcherais avec précaution. — Il désirerait vous parler. — Nous passerions sur le pont. — L'oiseau s'envolerait de sa cage. — Les branches plieraient et se briseraient.

———

XXIX. Les modes du verbe. — Le Subjonctif.

Il y a encore un autre *mode du verbe* que vous employez pour exprimer un désir, une crainte, une volonté, une croyance ou un doute ; pour exprimer enfin que le verbe se rapporte à quelque chose qui n'est pas très-positif.

Vous dites par exemple :

Je ne pense pas qu'il *pleuve* ce soir.
Croyez-vous que votre frère *revienne* bientôt ?
Je craignais que la rivière (ne) *débordât*.
Je voudrais qu'on me *rendît* mon livre.

Dans chacune de ces phrases il y a deux verbes : dans la première phrase, les verbes *penser* et *pleuvoir*. Le verbe *penser* est à l'indicatif. Accompagné des petits mots *ne, pas,* il dit qu'il y a ici quelque chose que vous ne pensez pas ; mais quelle est cette chose? Le verbe *pleuvoir* la fait connaître : Vous ne pensez pas qu'il *pleuve.* Ce second verbe n'est pas à l'indicatif, parce que l'indicatif exprime nettement que l'action se fait ou ne se fait pas ; tandis que dans ces mots : *qu'il pleuve,* il y a un doute ou une crainte. Étudiez ainsi les autres phrases.

Ce mode du verbe qui exprime une action sans l'affirmer, avec un certain doute, se nomme le *subjonctif.*

Un signe vous aidera à le reconnaître; c'est qu'il est presque toujours accompagné du mot *que.* Remarquez-le dans les phrases citées plus haut, et dans celles-ci :

Qu'il paraisse !

C'est-à-dire : Je souhaite qu'il paraisse.

Qu'on finisse ce tapage!

C'est-à-dire : Je demande qu'on finisse ce tapage.

Il y a des cas où le verbe est précédé du mot *que*, sans être cependant au mode subjonctif, comme dans cette phrase :

Je suis sûr *qu*'il viendra.

C'est à vous à distinguer ces cas qui appartiennent à l'indicatif, de ceux où il y a doute, crainte, ou désir, comme dans :

« Je désire *qu*'il vienne »

où le verbe est bien au mode subjonctif.

QUESTIONNAIRE.

Comment nomme-t-on le mode du verbe qui exprime l'action avec une idée de doute, de crainte, de souhait?

Le verbe au subjonctif est-il ordinairement accompagné d'un autre verbe?

Quel autre mot l'accompagne ordinairement et peut aider à reconnaître le mode?

EXERCICE.

Indiquer les verbes au mode subjonctif dans les phrases suivantes :

Je désire que vous vous instruisiez et que vous deveniez capable d'être utile. — Il craint qu'on ne lui fasse des reproches. — Je souhaite que le beau temps vienne bientôt, afin que nous puissions faire des promenades dans la campagne. — Qu'on aille, dit le chevalier, chasser des chevreuils dans la forêt; qu'on pêche des poissons dans les étangs; qu'on apporte des provisions de toutes sortes. Qu'on orne la salle de feuillage et de fleurs; qu'on invite des chanteurs et des harpistes ; qu'on apprête enfin un somptueux banquet, une fête joyeuse et splendide. — Nous doutons qu'il arrive à l'heure. Allez le chercher ; dites-lui qu'il se hâte. Qu'il amène avec lui son petit frère. — Il n'est pas probable que les pêcheurs rentrent au port avant la nuit ; le vent leur est contraire, et je ne crois pas qu'il change. — Le messager que nous avions envoyé n'est pas revenu : on craint qu'il ne se soit égaré, ou que l'orage ne l'ait surpris en route. — Quand vous marchez dans les marais, prenez garde que le sol détrempé ne cède sous vos pieds, et que vous ne vous embourbiez dans le limon.

Indiquer en outre le temps, la personne, le nombre du verbe, le sujet, et, quand il y a lieu, l'objet de l'action.

XXX. L'Infinitif.

Il y a encore une autre manière d'exprimer l'action : c'est tout simplement de la nommer sans indiquer ni la personne, ni le nombre, ni le temps. Quand nous disons :

Donner

nous nommons seulement l'action ; rien de plus. Ce mot qui est le nom, de l'action exprimée par le verbe, est appelé *l'infinitif* de ce verbe.

Jouer, travailler, penser, lire, voir, prendre,

sont des infinitifs. Vous reconnaîtrez les infinitifs dans les phrases suivantes :

Je veux savoir, et pour cela je désire apprendre.
Vous verrez les fusées monter, s'élever dans l'air, puis éclater et lancer des milliers d'étincelles.

L'infinitif, mes enfants, est donc une sorte de *nom verbal* (c'est-à-dire formé d'un verbe). Vous dites :

Mentir est une action honteuse.

comme vous diriez :

Le mensonge est une action honteuse,

Mentir est le nom de cette action. De même vous dites :

Dessiner ou chanter, lequel préférez-vous?

comme vous diriez :

Dessin ou chant, lequel préférez-vous ?

Puisque l'infinitif est une sorte de nom verbal, vous ne serez pas étonnés de le voir souvent employé, avec l'article, comme nom de choses :

Le travail nous est nécessaire comme le manger et le dormir.
Le savoir est une valeur ; le vouloir est une force.

Au lever du soleil les oiseaux commencent leur chanson.
Il ne faut pas croire sans examen le dire de chacun.

Ainsi les verbes ont cinq modes ou manières d'exprimer l'action. Ces modes sont : l'indicatif, l'impératif, le conditionnel, le subjonctif et l'infinitif. Dans vos analyses vous indiquerez l'indicatif, qui est le mode positif, par un *p*; l'impératif par un *i*; le conditionnel par un *c*; le subjonctif par un *s*; et le nom verbal infinitif par un *n*. Vous écrirez ces lettres *au-dessus* du signe du verbe, à droite :

Le cygne nage sur l'étang.

Écoute, et suis mon conseil.

Les plantes périraient si elles n'étaient arrosées.

Pensez-vous qu'il réussisse ?

Il faut semer pour recueillir.

QUESTIONNAIRE.

Peut-on exprimer l'action sans indiquer la personne ni le temps ?

Comment appelle-t-on le mot qui sert à nommer simplement une action ?

A quelle espèce de mots ressemble l'infinitif du verbe ?

Peut-on employer des *infinitifs* comme *noms* ? Peut-on les faire quelquefois précéder de l'article ?

Indiquer les infinitifs dans les phrases suivantes :

Nous voyions les oiseaux de mer voltiger, raser la surface de l'eau, puis tournoyer en poussant des cris aigus, s'abattre, plonger, et se relever tenant la proie qu'ils avaient saisie. — Il ne suffit pas de jouer, de sauter, de courir toute la journée ; il faut s'instruire, apprendre à connaître ses devoirs, et devenir capable de les remplir. — La forme de ses pattes de derrière permet à l'écureuil de bondir, de s'élancer au loin ; ses pattes de devant lui servent à saisir ses aliments, à les éplucher, à les porter à sa bouche. — Les enfants, las de courir, étaient venus s'asseoir près de leur mère, et poser leur tête sur ses genoux. — C'est commettre une injustice et une sottise, que de prendre le hibou pour un animal nuisible qu'il faut détruire.

Indiquer les temps et modes des autres verbes, et leurs sujets.

Reconnaître et marquer les infinitifs employés absolument à la manière des noms, dans les phrases suivantes :

L'homme ne doit pas avoir pour seule préoccupation le boire et le manger. — Le rire franc d'un homme sincère n'a rien de blessant ; le sourire d'un méchant est une morsure. — L'aller et le venir prennent un temps considérable.

Le pouvoir ne doit pas faire oublier le devoir.

La science est le seul avoir que personne ne peut nous enlever.

Il s'est trompé, mais sans mauvais vouloir.

XXXI. Les Participes.

Examinons attentivement les deux phrases que voici :

Le chèvrefeuille couvre le mur de ses longues guirlandes pendantes.
Une légère bulle de savon s'en va flottant au vent.

Ces deux mots : *pendantes*, *flottant*, expriment la manière d'être des guirlandes de chèvrefeuille et de la bulle de savon; ils remplissent donc la fonction des adjectifs.

Ces mots adjectifs sont formés avec les verbes *pendre* et *flotter*. Ils expriment la manière d'être de la chose indiquée, en disant quelle action cette chose fait : les guirlandes sont pendantes, elles font l'action de pendre; la bulle est flottant, elle fait l'action de flotter[1].

De même encore dans ces deux phrases :

La mer agitée par le vent roulait de grosses vagues.
Des arbres furent déracinés par la tempête.

Les mots : *agitée*, *déracinés*, expriment la manière d'être de la mer et des arbres, en indi-

1. Voir le *Manuel.*

quant de quelle action ils sont l'objet. *La mer est agitée* : c'est le vent qui l'agite, la mer est l'objet de l'action d'agiter. Les arbres furent déracinés : c'est la tempête qui a fait l'action de les déraciner, les arbres ont subi cette action. Ces mots *agitée*, *déracinés*, sont encore des mots adjectifs dérivés des verbes *agiter* et *déraciner*.

Ce n'est pas la première fois, mes enfants, que nous voyons des adjectifs dérivés d'un verbe, et indiquant la manière d'être des personnes ou des choses, manière résultant d'une action que ces personnes ou ces choses font ou subissent. Mais ceux dont nous parlons aujourd'hui se distinguent des autres en ce qu'ils se rapprochent davantage du verbe. C'est pourquoi on les a appelés des *participes*, pour indiquer qu'ils participent de la nature du verbe et de celle de l'adjectif.

Nous indiquerons les participes par le signe ⊤, comme dans cette phrase :

Le sol est desséché.
⊤

Comme tous les adjectifs dérivés du verbe, les participes ont deux façons d'exprimer la manière d'être des personnes ou des choses. Ils disent si l'action est faite par les personnes ou les choses; ou bien si les personnes ou les choses ont au contraire subi cette action. Il y a donc naturellement deux sortes de participes :

1° le participe *actif*, indiquant que l'action est faite par la personne ou la chose dont il s'agit;

2° le participe *passif*, indiquant que l'action est reçue ou subie par elle.

QUESTIONNAIRE.

Qu'est-ce qu'un participe ? Un participe diffère-t-il en quelque chose des autres adjectifs dérivés d'un verbe ? Combien y a-t-il de sortes de participes ?

XXXII. Le Participe actif.

Quand nous disons :

Des bœufs paissant dans un pré.
Un agneau bêlant après sa mère.
Une mouche volant dans l'air.

Les mots : *paissant, bêlant, volant*, qui se rapportent aux noms : *bœufs, agneau, mouche*, sont des participes exprimant la manière d'être de ces animaux, en indiquant l'*action qu'ils font*:

les bœufs font l'action de paître, l'agneau fait l'action de bêler, la mouche fait l'action de voler. Ces participes terminés en *ant*, expriment que la personne ou la chose fait elle-même l'action, qu'elle est *active*, comme on dit, c'est pourquoi on les appelle des *participes actifs*.

Vous reconnaîtrez sans peine que les mots :

> *Effrayant*, qui effraye ;
> *Tremblant*, qui tremble ;
> *Passant*, qui passe,

sont des participes actifs, ainsi que les mots : *aimant, courant, chantant, rendant, buvant, mangeant*, etc.

Nous indiquerons les participes *actifs* en mettant un petit *a* sur le signe du participe :

Le ruisseau arrosant la prairie, rafraîchit l'herbe verdoyante.

Puisque le participe actif est une sorte d'adjectif, il doit, direz-vous, s'accorder en genre et en nombre avec le nom ou pronom auquel il se rapporte. Très-souvent, en effet, le participe actif s'accorde avec son sujet comme un simple adjectif ; mais d'autres fois, au contraire, on ne doit pas le faire accorder; c'est-à-dire qu'on ne doit pas, dans ces cas, faire, à la terminaison du participe, les petits changements de forme qui désignent le féminin et le pluriel. C'est justement en cela que les participes diffèrent des adjectifs ordinaires, puisque ces derniers s'accordent toujours avec le nom auquel ils se rapportent.

Ainsi, on dit en faisant accorder comme les adjectifs :

Les nénufars ont de larges feuilles flottantes.

Et sans faire accorder :

J'ai vu des feuilles tombées flottant sur le ruisseau.

La raison de ceci, mes enfants, est un peu difficile à comprendre; mais il y en a une. Réservons-la en ce moment. Pour aujourd'hui, rappelez-vous seulement que le participe actif s'accorde ou ne s'accorde pas, suivant une règle que nous vous apprendrons un peu plus tard.

Les participes étant en réalité des adjectifs, on finit quelquefois par oublier leur caractère de participe (rappelant le verbe) pour ne plus voir que leur nature d'adjectif (exprimant une qualité). On dit par exemple :

Voilà des fleurs charmantes,

sans penser qu'en nous charmant elles font une action, et pensant seulement à la qualité qu'elles ont de charmer, absolument comme si on disait : « Voilà des fleurs gracieuses. » Alors, pour être exact, quand vous rencontrerez de ces participes actifs employés comme des adjectifs ordinaires, vous les marquerez à la fois du signe du participe, indiquant leur nature; et de celui de l'adjectif, indiquant leur emploi.

Les personnes obligeantes sont aimées de tout le monde.
$$\dfrac{a}{1} \quad + $$

Beaucoup d'adjectifs sont employés à l'occasion comme des noms; vous savez cela, car vous dites :

Un poltron. — Un brave.

Le participe actif étant une sorte d'adjectif, peut être également employé pour désigner des êtres ou des choses.

On dit :

> Un passant. — Un vivant.
> Le croissant de la lune.
> Le penchant de la colline.

Ces mots *passant, vivant, croissant, penchant,* sont employés là comme noms, puisqu'ils désignent des êtres ou des choses ; ils sont accompagnés de l'article ou des adjectifs démonstratifs : *un, une,* absolument comme s'ils étaient de véritables noms. Ce sont néanmoins des participes actifs :

> Passant — participe du verbe passer.
> Vivant — participe du verbe vivre.
> Croissant — participe du verbe croître.
> Penchant — participe du verbe pencher.

Ces participes, comme les noms dérivés du verbe, désignent les choses par ce qu'il est dans leur nature de faire :

> Le passant — est la personne qui passe.
> Le vivant — celle qui vit.
> Le croissant — est la chose qui croît.
> Le penchant — la chose qui penche.

Quand vous rencontrerez, dans vos analyses, des participes actifs employés comme noms, vous les marquerez de deux signes : celui du participe d'abord, pour marquer leur nature, et celui du nom pour indiquer leur emploi :

Le courant du ruisseau entraîne les grains de sable.

Remarquez, mes enfants, que la plupart des mots terminés en *ant*, et employés comme noms ou comme adjectifs, sont, au fond, de véritables participes ; et vous ferez bien de chercher à reconnaître les verbes dont ils sont dérivés.

QUESTIONNAIRE.

Comment appelle-t-on les participes qui expriment la manière d'être d'une personne ou d'une chose en disant quelle action elle fait ?

Quelle est la terminaison de ces participes ?

Le participe actif s'accorde-t-il toujours avec le nom auquel il se rapporte ?

Y a-t-il des participes actifs employés absolument comme adjectifs ? Y a-t-il des participes actifs employés comme noms ?

EXERCICE.

Indiquer les participes actifs dans les phrases suivantes (sans distinction d'emploi). Indiquer en outre le nom ou pronom auquel se rapporte le participe (par le signe du nom ou du pronom).

La mère et les enfants suivaient au hasard les sentiers, jasant de mille choses, humant l'air du matin, et respirant les parfums qui s'exhalent des prairies.

A peine la lampe fut éteinte, que les rats se répandirent dans la vieille chambre, trottant, grattant, grignottant, sortant de leurs trous et y rentrant, allant et venant en pleine assurance.

La chaleur est étouffante, accablante.

La flamme s'élevait, vive et brillante, lançant des gerbes d'étincelles.

On voyait les petits poissons nageant dans les eaux courantes, s'élançant à la surface, puis replongeant jusqu'au fond, se poursuivant, se fuyant, enfin se jouant et s'ébattant de mille manières.

Cette enfant est aimante et douce : elle a un caractère attachant.

L'histoire que vous nous avez racontée est touchante.

A la nuit tombante nous nous mettrons en route.

Cet animal est confiant, parce qu'il n'a jamais été maltraité ; si on lui avait fait du mal, il serait devenu défiant.

La saison a été brûlante.

Les clématites retombant avec grâce le long des murs formaient des guirlandes odorantes.

Nous admirions les larges feuilles du nénufar, étendues et flottantes à la surface de l'eau.

Indiquer les participes actifs, en distinguant ceux qui sont employés comme noms, dans ces phrases :

Un mendiant est à la porte, demandant l'aumône.
Le taillant du ciseau est ébréché.
Les vagues blanchissent contre les brisants.
Asseyez-vous sur ce pliant.
On nomme *brillant* un diamant taillé d'une certaine façon.
Aiguisez le tranchant de la cognée.
La servante est honnête et active : elle est aimée et estimée de toute la famille.

Les ignorants laissent passer sans les apercevoir les choses les plus intéressantes.

Trouver les participes actifs des verbes suivants [1] :

Tomber — chercher — arracher — cacher — boucher — lécher — pêcher — borner — déraciner — dominer — donner — glaner — abriter — acheter — agiter — chanter — compter — coûter — dompter — exister — fêter — gâter — goûter — lutter — monter — planter — porter — barrer — désirer — entrer — espérer — labourer — montrer — mesurer — sevrer — tirer — avaler — calculer — chauffer — bêcher — expédier — copier — prier.

Trouver les participes actifs des verbes suivants, et les employer comme adjectifs en les joignant à un nom, masculin où féminin, singulier ou pluriel.

Dessécher — bourdonner — environner — frissonner — gêner — flotter — révolter — déchirer — murmurer — ramper — rouler — tournoyer — lier — crier — aboyer — abonder — siffler — ondoyer — féconder — imposer — affliger — changer [2] — décourager — exiger.

Trouver les participes actifs des verbes suivants, et les employer comme noms dans des phrases très-courtes et très-simples :

Assister — habiter — opposer — coucher.

1. Voir le *Manuel.*
2. Faire observer l'introduction de l'*e* pour maintenir le son *j* à la lettre *g.*

XXXIII. Le Participe passif.

Si maintenant nous disons :

> Un enfant aimé.
> Un rameau brisé.

Les mots *aimé, brisé,* qui indiquent la manière d'être de cet enfant et de ce rameau, sont évidemment des adjectifs ; et ils sont aussi les participes des verbes *aimer* et *briser.*

Ces participes-là désignent la manière d'être d'une personne ou d'une chose, non plus en indiquant de quelle action elle est l'auteur, mais au contraire de quelle action elle est l'objet.

L'*enfant aimé,* c'est celui qui reçoit l'affection qu'on lui donne ; c'est lui qui est l'objet de l'action d'aimer : on l'aime, ce n'est pas lui qui aime.

Le *rameau brisé,* ce n'est pas le rameau qui brise ; c'est quelqu'un ou quelque chose qui l'a brisé ; le rameau a été l'objet, non l'auteur de l'action.

De même :

> Ce jardin a été ravagé.

Ce n'est pas le jardin qui a ravagé. C'est lui qui a été ravagé.

Le jardin a été l'objet de l'action de *ravager*. Il est non l'auteur, mais le sujet du verbe ravager.

Cet arbre a été planté.

Quelqu'un a fait l'action de planter; l'arbre a été l'objet de cette action.

C'est ce genre de participe, exprimant que la personne ou la chose à laquelle il se rapporte a subi passivement une action, qui se nomme *participe passif :* nous l'indiquerons par un petit *p* placé au-dessus du signe.

Le chou fut mangé par la chèvre.

$$\frac{p}{|}$$

Puisque le participe passif est une sorte d'adjectif dérivé du verbe, vous penserez qu'il doit s'accorder comme les autres adjectifs avec le nom ou le pronom auquel il se rapporte. Le participe passif s'accorde, en effet, le plus ordinairement; mais non pas toujours, ainsi que vous l'apprendrez plus tard. Et c'est en cela que le *participe passif* diffère de l'adjectif ordinaire.

Ainsi on dit, en faisant accorder le participe passif avec le nom ou le pronom, comme on le fait pour l'adjectif :

Les branches ont été coupées.

Et sans faire accorder :

J'ai coupé les branches.

Malgré cette différence, on emploie très-souvent le participe passif comme un adjectif ordinaire. N'oubliez jamais, cependant, que subir une action, ou posséder une qualité, n'est pas du tout la même chose.

Quand on dit, par exemple :

Une colline élevée et aride,

on ne songe ordinairement qu'à la manière d'être de la colline, comme si on nous avait dit :

Une colline haute et aride.

Pourtant ce mot *élevée* est un participe passif, provenant du verbe *élever*.

Quand vous rencontrerez des participes passifs ainsi employés, vous les marquerez dans vos analyses du signe qui indique leur emploi, après celui qui marque leur nature :

Des fleurs flétries dans un vase fêlé.
$$\frac{p}{l}+ \qquad\qquad \frac{p}{l}+$$

De même que les adjectifs peuvent être employés comme des noms, les participes passifs, qui sont des sortes d'adjectifs, sont, eux aussi, employés comme noms pour désigner des êtres et des choses. Nous disons par exemple :

> Un écrit. — Un fait. — La coulée.
> Les brisées. — Une battue.

Ces mots servent de noms puisqu'ils désignent des choses, et qu'on y joint l'article. Pourtant ce sont des participes passifs, dérivés des verbes *écrire, faire, couler, briser, battre.*

Remarquez que ces mots, comme certains noms dérivés du verbe, désignent l'objet en indiquant l'action qu'il a subie.

> *Un écrit,* c'est la chose qui a été écrite.
> *Un fait,* une chose qui a été faite.
> La *coulée,* une chose qui a été coulée (telle que le métal fondu).

Ces mots, et un grand nombre d'autres, comme :

> Le passé. — La jetée.
> La levée. — Un associé.

sont si souvent employés comme noms, qu'on oublie parfois que ce sont des participes passifs.

Rappelons-nous donc qu'il y a deux sortes de participes : le participe actif et le participe passif.

Vous remarquerez, mes enfants, que le participe passif est directement l'opposé du participe actif, puisque l'un désigne l'action faite, et l'autre l'action reçue. C'est ce que rappellent ces mots : actif et passif.

Une chose étonnante — qui étonne.
Un homme étonné — qu'une chose étonne.
Le joueur perdant — qui perd la partie.
La partie perdue — la partie qui a été perdue par le joueur.
Un soleil brûlant — qui brûle.
Un sol brûlé — que le soleil brûle.

QUESTIONNAIRE.

Comment appelle-t-on les participes qui désignent l'état de la personne ou de la chose en indiquant de quelle action elle est l'objet ?

Le participe passif s'accorde-t-il toujours avec le nom ou pronom auquel il se rapporte ?

Le participe passif est-il souvent employé comme un adjectif ordinaire ?

Y a-t-il des participes passifs employés comme noms ?

Quelle différence y a-t-il entre le participe actif et le participe passif ?

EXERCICE.

Indiquer les participes actifs et passifs (sans distinction d'emploi) dans les phrases suivantes :

Une falaise est une côte escarpée, dentelée, formée de rochers taillés à pic, quelquefois à demi éboulés, quelquefois surplombant sur l'abîme.

Du côté du couchant s'étendent des montagnes couvertes de sapins ; à l'orient sont des collines accidentées, des fourrés impénétrables, étagés sur les pentes.

Les voyageurs surpris par l'orage, embarrassés, un peu effrayés peut-être, se dirigèrent vers la maison déserte. Ils entrèrent dans une cour abandonnée, tout envahie par l'herbe.

La chauve-souris n'a pas d'ailes emplumées, mais des bras et des mains garnies de membranes.

Cette vieille masure, irrégulièrement construite et à demi ruinée, avec tous ses toits percés à jour, n'est plus habitée que par les hiboux et les chauves-souris. Dans les vieilles chambres abandonnées, dans les greniers encombrés, il y a des recoins sombres. Par endroits les poutres rompues tremblent sous les pas. Puis ce sont des échelles à échelons brisés, dont les montants se dressent jusqu'aux combles ; et des escaliers perdus, qui ne conduisent nulle part; et des portes murées, et des lucarnes défoncées, et des fenêtres aux volets délabrés, que le vent fait crier sur leurs gonds.

La fenêtre ébranlée céda tout à coup, et un beau rayon du soleil couchant entra en plein par l'ouverture.

Quand nous arrivâmes sur la falaise, la tempête était apaisée. La mer était un peu calmée, les vagues blanchissantes se brisaient avec moins de fracas.

Il y avait autrefois dans ce pays de magnifiques forêts, maintenant changées en vastes marécages, où croissent les roseaux et les joncs. Toute cette étendue de terre a été engloutie en une seule nuit par la mer, dont les eaux se sont répandues comme un lac immense, par-dessus la cime des arbres les plus élevés.

Sur la vieille muraille à demi écroulée, de grandes herbes jaunies balancent au vent leurs panaches dorés.

Trouver le participe passif des verbes suivants :

Étudier — briser — flatter — courber — aligner — appuyer — ordonner — verser — réconcilier — plier — copier — allonger — envier.

Transformer les expressions suivantes en mettant le participe passif à la place de l'infinitif :

Labourer un terrain. — Sarcler un champ. — Creuser un sillon. — Arrêter une voiture. — Inonder une prairie. — Arroser un jardin. — Endormir un enfant. — Arracher un arbre. — Combler un ravin. — Dessécher un marais. — Parfumer l'air. — Filtrer l'eau. — Effacer un trait. — Lancer une flèche. — Incendier une grange. — Percer un sentier dans le taillis. — Ruiner une tour. — Ronger une rive. — Tailler une haie. — Défricher une lande. — Oublier une offense. — Pencher un vase. — Cultiver des roses. — Sabler une allée. — Saler de l'eau. — Empoisonner une liqueur. — Détremper un sol. — Courber une branche. — Troubler un esprit.

Rendre compte oralement de la signification de ces participes, marquer le nom auquel ils se rapportent; marquer le genre et le nombre.

Trouver les participes passifs des verbes suivants, et former une phrase très-courte, où ces participes soient employés comme noms masculins ou féminins :

Trancher — couver — ranger — paver — ramer — tomber — exiler.

Expliquer oralement la signification de ces participes, et rendre compte de leur emploi.

Changer le participe actif en participe passif, et modifier l'expression en conséquence :

Un cultivateur détournant un ruisseau. — Un savant observant un astre. — Un aigle enlevant un lapin. — Le vent enlevant une feuille. — Un artiste modelant une statue. — Une mère endormant son enfant. — Une lionne emportant une gazelle. — Un élève esquissant un dessin.

Changer le participe passif en participe actif dans ces phrases ; rendre raison de la signification :

Une feuille entraînée par le courant. — Un élève interrogé par le maître. — Un fusil porté par un chasseur. — Un travail achevé par l'ouvrier. — Un tableau terminé par le peintre. — Un édifice protégé par un paratonnerre. — La plaine dominée par la colline. — Un feu allumé par le pâtre.

Former oralement, avec les compléments nécessaires pour en faire une expression bien définie, deux phrases, l'une contenant le participe actif, l'autre le participe passif des verbes suivants (sans distinction du mode d'emploi) :

Accabler — Chercher — Lécher — Trancher — Acheter — Louer — Greffer — Effrayer — Payer — Broyer — Ployer — Fortifier — Mystifier — Vérifier — Confier — Multiplier — Diviser — Ajouter — Copier — Expier — Ajuster — Amonceler — Bêler — Ciseler — Emballer — Couler — Cribler — Accumuler — Écarter — Enchanter — Enrayer — Fouler — Ourler — Griller — Mouiller — Veiller — Piller — Alarmer — Écumer — Plumer — Parsemer — Crayonner — Incliner — Fumer — Miner — Orner — Rayonner — Casser — Raser — User.

Rendre compte de la signification de ces participes.

XXXIV. L'Adverbe.

Si vous avez vu un ruisseau subitement grossi par une grande pluie, vous aurez été frappés de

la rapidité avec laquelle l'eau s'écoulait en suivant la pente du terrain. Rentrés chez vous, et
voulant raconter à votre mère ce que vous avez
vu, direz-vous simplement :

L'eau du ruisseau coulait.

Cela ne serait pas dire assez. Vous n'avez pas
vu seulement l'eau couler : vous 'l'avez vue
couler avec rapidité, et vous dites à votre mère :

L'eau du ruisseau coulait *rapidement.*

Ce mot *rapidement* était nécessaire pour peindre
exactement de quelle manière l'eau coulait. Car
une même action peut être faite de différentes
manières. L'eau du torrent coule rapidement ;
celle de la rivière coule paisiblement ; l'eau qui
fuit d'un vase fêlé s'écoule lentement ; celle qui
s'échappe du déversoir d'un moulin coule
tumultueusement. Il faut pouvoir exprimer ces
différentes manières de couler.

Si une personne vous dit : « Mon enfant,
vous vous conduisez.... » la phrase n'est pas
achevée, car la pensée de cette personne n'est
pas complétement exprimée. Vous attendez la
fin ; vous demandez : « Comment me conduisé-

je? Trouvez-vous que je me conduise bien ou mal? sagement ou étourdiment »

Ceci vous montre que le verbe, malgré ses différentes formes, ne suffit pas toujours pour exprimer toutes les circonstances d'une action. Très-souvent il est nécessaire d'y ajouter un autre mot, précisant *de quelle manière, dans quel lieu, à quelle époque* une action est faite, l'a été, ou le sera.

Ce mot que l'on ajoute au verbe, et qui est en quelque sorte l'adjectif du verbe, s'appelle *adverbe*. Nous le marquerons du signe ♯.

Je lis facilement.
♯

Nous travaillons joyeusement.
♯

Cette lampe éclaire peu,
♯

Le renard rôde traîtreusement.
♯

Chantons souvent.
♯

L'adverbe est quelquefois absolument nécessaire au verbe pour en expliquer le sens, car une phrase peut signifier deux choses tout à fait différentes, opposées même, selon l'*adverbe* qu'on joint au verbe.

Cet enfant écrit *bien*. — Cet enfant écrit *mal*.
Le vent souffle *légèrement*. — Le vent souffle *violemment*.

Les adverbes que nous venons d'employer, exprimant la manière dont l'action est faite, sont appelés : *adverbes de manière*.

D'autres adverbes indiquent *en quel lieu* l'action est faite :

Venez *ici*.
Regardez *là-bas*.
L'odeur des jasmins se répand *partout*.
Où vont tous ces gens ? — Entrons *ici*.
Nous allons à la campagne : *Y* viendrez-vous avec nous ?

Ces adverbes, qui désignent un lieu, sont tout naturellement appelés *adverbes de lieu*.

Enfin, il y a d'autres adverbes qui complètent la signification du verbe, en désignant d'une manière précise *le temps* pendant lequel l'action a été faite, se fait, ou se fera, chose que *les temps* du verbe n'expriment pas toujours suffisamment. Ainsi, quand vous dites :

Je lirai,

le verbe est au futur ; nous savons que l'action se fera ; mais nous ne savons pas au juste à quel moment. Alors on vous demandera

« Quand lirez-vous ? » Et pour préciser, vous répondez :

Je lirai *demain*.

Vous diriez de même :

Papa est parti *hier*.
La nuit vient *tard* en été, et *tôt* en hiver.
Je vous ai vu *déjà*.
Le loup court *encore*.
Quand reviendra-t-il ? — *jamais !*

Ces adverbes, qui précisent ainsi les époques, sont appelés : *adverbes de temps*.

Il y a un très-grand nombre d'adverbes. L'usage vous apprendra à les reconnaître. Ce qui importe pour le moment, c'est de remarquer comment les adverbes :

De manière,

De lieu,

De temps,

complètent la signification des verbes, et établissent une différence entre des actions exprimées par le même verbe.

QUESTIONNAIRE.

Comment nomme-t-on les mots que l'on ajoute le plus ordinairement aux verbes, pour en compléter la signification ?

Qu'expriment ordinairement les adverbes ?

Comment appelle-t-on ceux qui expriment la *manière* dont l'action est faite ?

Citer des adverbes de manière.

Comment appelle-t-on ceux qui expriment le temps où l'action est faite ou se fera ?

Citer des adverbes de temps.

Comment appelle-t-on les adverbes indiquant le lieu de l'action ?

Citer des adverbes de lieu.

EXERCICE.

Reconnaître et marquer les adverbes dans ces phrases :

Vous marchez bien et vous sautez légèrement. — Travaillez lentement et vous apprendrez vite. — Vous êtes arrivés tard à la maison. — Revenez demain. — Vous n'avez pas étudié assez aujourd'hui. — Nous irons ailleurs. — Il est arrivé hier. — Prenez plus de soin, vous ferez mieux. — Nous avons vu souvent le soleil se lever. — La neige ne fond jamais sur les cimes du Mont-Blanc. — Les hirondelles reviennent toujours nicher aux mêmes lieux. — Prenez-vous y autrement, vous réussirez mieux. — Nous irions volontiers à la promenade. — Vous irez tantôt. — Vous courez trop : vous vous fatiguez beaucoup.

Indiquer en outre dans ces phrases les verbes que complète l'adverbe ; en marquer le temps, le mode, le nombre, la personne. — En marquer le sujet[1].

1. Voir le *Manuel.*

XXXV. L'Adverbe (suite).

Nous allons nous occuper, d'abord, d'une famille d'adverbes très-nombreuse, et très-intéressante : celle des adverbes de manière.

La plupart de ces adverbes sont formés avec des adjectifs. Vous allez le reconnaître vous-mêmes :

Le papillon voltige *légèrement*, c'est-à-dire d'une manière *légère*.

La lune éclairait *faiblement*, c'est-à-dire d'une manière *faible*.

Mon petit frère dort *tranquillement*, c'est-à-dire d'une manière *tranquille*.

Vous voyez que ces adverbes ont été formés en ajoutant à l'adjectif la syllabe *ment*, qui signifie, en effet : *d'une manière*. Cette syllabe seule ne nous apprendrait rien ; il faut spécifier quelle est la manière, et c'est ce que fait l'adjectif auquel la syllabe *ment* est jointe.

Lentement signifie : d'une manière lente ;

Vivement signifie : d'une manière vive ;

Doucement, d'une manière douce ;

Fortement, d'une manière forte.

Désormais, vous saurez très-bien trouver

seuls la formation des adverbes composés avec les adjectifs : *juste, brave, triste, solide, passable, sage*, et de tous les adjectifs dont vous comprenez le sens.

Quelquefois on ne prend pas la peine d'ajouter la syllabe *ment*, et on se sert de l'adjectif seul comme on se servirait de l'adverbe. Ainsi, on dit :

Frapper fort — pour frapper fortement.
Raisonner juste — pour raisonner justement, avec justesse.
Tenir ferme — pour tenir fermement, avec fermeté.

Les mots : *fort, juste, ferme*, sont adjectifs ; mais ils sont employés ici comme adverbes, puisqu'ils caractérisent le verbe en indiquant de quelle manière l'action est faite.

Il arrive souvent qu'un adverbe, au lieu de caractériser un verbe, est joint à un adjectif, ou à un participe, ou même à un autre adverbe, dont il complète et précise le sens. Ainsi, on dit :

Ce dessin est *extrêmement joli*.
Le mur de notre jardin est *très*-haut, mais *peu solide*.
La tempête a *horriblement dévasté* le jardin.
Comme ces roses sont *gracieusement épanouies !*
Il tonnait *très-violemment*.

L'adverbe *extrêmement* caractérise l'adjectif :

joli ; gracieusement caractérise *épanouies*. Cherchez vous-mêmes les autres rapports, pour vous rendre compte du rôle des adverbes joints à un adjectif, ou à un participe, ou à un autre adverbe.

Ainsi, il y a trois sortes d'adverbes : les adverbes de manière, les adverbes de temps, et les adverbes de lieu.

QUESTIONNAIRE.

Y a-t-il des adverbes faciles à reconnaître comme étant dérivés des adjectifs ?

Qu'expriment ces adverbes ? Quelle est leur terminaison ?

EXERCICE.

Écrire en face des adverbes suivants l'adjectif dont ils sont dérivés :

Activement — Actuellement — Affreusement — Aigrement — Amicalement — Anciennement — Annuellement— Artificiellement — Attentivement — Avantageusement — Brillamment — Charitablement — Chèrement — Confusément — Considérablement — Continuellement— Correctement — Complétement — Cruellement — Doucement — Efficacement — Effrontément — Entièrement — Excessivement — Fièrement — Franchement — Fraternellement — Directement — Douloureusement.

Former oralement des phrases avec ces adverbes, ou tout au moins des *expressions* définies.

Trouver les adverbes dérivés des adjectifs suivants :

Admirable — Adroit — Agréable — Brutal — Brusque — Chaud — Claire — Convenable — Digne — Docile — Dur

— Étroit — Exact — Fertile — Fin — Fou — Froid —
Favorable — Extrême — Fort — Cordial — Difficile —
Distinct.

Former oralement des phrases avec ces adverbes.

XXXVI. La Préposition.

Quand nous disons :

> Le livre est *sur* la table.
> Marchez *vers* la porte.
> Nous allons *à* la ville.
> Je travaille *pour* vous.

à quoi nous servent ces mots : *sur*, *vers*, *à*, *pour* ? A indiquer la position du livre, relativement à la table ; la direction de la marche, relativement à la porte ou à la ville ; le but du travail, relativement à une personne.

Ces mots, et tous ceux qui expriment de même *la position des personnes ou des choses relativement à d'autres, la direction d'un mouvement, le but d'une action*, sont appelés : *prépositions*. Nous les marquerons du signe ‖.

> Le loup rôde dans la forêt.
> ‖

Remarquez, mes enfants, que ces mots expriment une *position* ou une *direction* relativement à une chose qu'il faut indiquer. Si nous disons :

Le livre est sur....

on demandera : « *Sur quoi ?* »

Marchez vers...

Vers quoi?

Le sens n'est pas complet. Il faut absolument indiquer le but vers lequel tend l'action, ou la chose relativement à laquelle la première a une certaine position.

Il venait *après* moi.
Depuis les grands arbres *jusqu'*au bord du ruisseau, le sentier est étroit et rapide.

Ces mêmes prépositions expriment aussi les époques successives des actions :

Nous sortirons *après* le dîner.
Depuis ce temps, j'y pense toujours.

Les prépositions *après, avant, depuis, jusque,* etc. marquent la place qu'une action occupe dans le temps.

Les prépositions ressemblent aux adverbes en ce qu'elles sont aussi jointes à un verbe. Mais vous distinguerez ces deux espèces de mots à ceci : l'adverbe, joint au verbe, forme un sens complet. Exemple : « Chantons gaiement » ; tandis que la préposition jointe à un verbe, demande encore un autre mot pour compléter l'idée.

> Je viens *vers*.... toi.
> Le chien est *dans*.... la cour.
> Il y a un perron *devant*.... la porte.
> Le grain est broyé *entre*.... deux meules.
> Allez *avec*.... lui.
> Il est parti *loin*.... de nous.

D'autres prépositions marquent des rapports un peu différents de ceux-ci, entre les êtres ou les actions. Ainsi la préposition *de*, qui sert à marquer le point de départ d'une personne ou d'un mouvement :

> Je viens *de* Paris,

a aussi un autre sens qui indique la dépendance, la possession, — on dirait : *l'appartenance*, si ce mot était français.

> Le jardin *de* mon père.
> Le livre *de* ma sœur.

La préposition *par*, marque le chemin qu'on

a suivi, le moyen qu'on a employé, et la cause d'où provient un effet.

> J'ai passé *par* la grande rue.
> On arrive à la science *par* le travail.
> Il a agi ainsi *par* bonté.
> Notre jardin est cultivé *par* mon père.

Nous étudierons tout cela. Rendez-vous d'abord bien compte des rapports exprimés par les prépositions le plus souvent employées; le reste viendra plus tard.

QUESTIONNAIRE.

Comment nomme-t-on les mots qui désignent les rapports que les choses ont entre elles, et les relations des actions exprimées par les verbes?

Quelle différence y a-t-il entre la préposition et l'adverbe?

EXERCICE.

Indiquer les prépositions dans les phrases suivantes:

Je vais à la maison.

Vous êtes arrivés avant nous.

Vous passerez derrière le rocher. — Vous descendrez jusque sur la grève. — Vous regarderez vers l'horizon.

L'enfant vint tout doucement, se glissant entre les arbres, rampant le long du mur et parmi les buissons. Et quand il arriva près de nous, il se dressa, en riant de notre surprise.

Venez avec moi chez mon oncle. Nous arriverons après le dîner, pour le dessert.

Nous pêchâmes des poissons dans l'étang.

Je m'assis sous les grand arbres. Devant moi était le lac, derrière moi les collines.

Vous irez à Rome sans moi.

Introduire les prépositions convenables dans les phrases suivantes :

Venez ... moi. — Marchez droit ... vous. — Entrons ... la maison. — Passez ... l'arcade. — Mettez une lampe ... la table.

Allez ... la chambre ;... la table vous trouverez une boîte, et ... cette boîte, un livre relié en peau.

:... de parler, réfléchissez ; il n'est plus temps:...

Je ne viendrais pas ... la nuit.

Dirigez-vous ... le clocher.

Asseyez-vous ... ce banc, ... le jasmin fleuri, ... de la porte.

Vous passerez ... les champs, et ... la maison.

Que faut-il faire .... vous ?

Il travaille ... adresse, mais ... patience.

XXXVII. La Conjonction.

Examinons, mes enfants, les phrases que voici :

Écoutez les oiseaux qui s'appellent.... se répondent.
Pour lire, il faut avoir un livre... savoir lire.

Le sens de ces phrases est-il complet ? Non.

Vous vous apercevez bien qu'il y manque quel-

que chose. Qu'y manque-t-il donc? Examinons
la première phrase :.

Il y a là deux parties de phrase exprimant
chacune une idée différente. Mais il manque
un mot qui joigne ces deux parties, en exprimant la liaison qu'il y a dans notre pensée
entre les deux idées. Ajoutons ce mot que la
réflexion nous suggère, et disons :

Écoutez les oiseaux qui s'appellent *et* se répondent.
Pour lire il faut avoir un livre *et* savoir lire.

Ce mot : *et,* qui joint ensemble les deux
parties de ces phrases, en montrant le lien qui
existe entre elles dans notre idée, se nomme
une *conjonction* (mot qui signifie *jonction, lien*).
Si nous voulions faire une comparaison, nous
dirions que la conjonction joint ensemble les
parties d'une phrase, comme le ciment lie entr'elles les pierres d'un mur.

Voici encore d'autres exemples de conjonctions :

Hâtons-nous, *car* la nuit va venir.
La vraie science rend meilleur, *donc* il faut étudier.
Ma soupe est bonne, *mais* elle brûle.

Les conjonctions servent aussi à joindre simplement les mots entre eux ; ainsi nous disons :

Le loup *et* le renard rôdent la nuit.

La conjonction *et* fait voir que les deux animaux font l'action de rôder la nuit.

La saison était sombre *et* froide.

La conjonction *et* unit les deux adjectifs *sombre, froide,* pour indiquer que la saison dont nous parlons avait ces deux caractères réunis.

L'eau de la source coule *et* murmure.

La même conjonction *et* joint les verbes *coule, murmure.* Elle indique que ces deux actions : *couler, murmurer,* sont faites par les eaux de la source.

La conjonction *et* peut également joindre des pronoms indiquant des êtres qui agissent ensemble, ou des adverbes marquant plusieurs manières de faire la même action.

Vous et moi nous partirons ensemble.
Agissons sagement et prudemment.

Il y a deux autres conjonctions que l'on emploie très-souvent, et qu'il faut vous faire connaître. L'une est la conjonction *ou* (sans accent), qui sert à marquer le choix entre deux choses, ou deux qualités, ou deux actions, suivant qu'elle joint deux noms ou pronoms, deux adjectifs, ou deux verbes ou deux adverbes.

> Cueillez une poire ou une pomme.
> Nous achèterons une robe bleue ou grise.
> Voulez-vous lire ou écrire ?

L'autre est la conjonction *ni*, qui sert à nier plusieurs choses à la fois, c'est-à-dire à mettre ensemble plusieurs choses ou plusieurs idées que l'on dit n'être pas, ou dont on ne veut pas.

> Mon jardin n'a ni haie, ni muraille.
> Cette maison n'est ni grande, ni belle.
> Le petit enfant ne sait ni marcher, ni parler.
> Je ne veux ni haïr, ni mentir.

La conjonction *ni*, vous le voyez, est tout le contraire de la conjonction *et*.

> Le lièvre est vif et léger ; mais il n'est ni fort, ni brave.

Nous marquerons dans nos analyses, les conjonctions du signe : ‖ , ainsi que dans cet exemple :

> Travaille, ‖ si tu veux te reposer ensuite.

Il y a encore beaucoup d'autres conjonctions, et même des mots qui, sans être des conjonctions, peuvent à l'occasion en tenir lieu. Appliquez-vous cette année à bien comprendre l'usage de celles que nous vous avons fait connaître, et à vous rendre compte de leur emploi.

QUESTIONNAIRE.

Comment nomme-t-on les mots qui servent à lier les parties de phrases entre elles, et les mots entre eux?

EXERCICE.

Indiquer les conjonctions dans ces phrases :

Le ciel est pur et bleu, la journée sera belle.

Le chameau et le dromadaire transportent les hommes et les marchandises à travers les déserts.

La rivière et le fleuve vont déborder, si les pluies continuent. Les dégâts seront considérables, si on ne prend les plus grandes précautions, car les digues ne sont pas capables de résister à l'effort des eaux.

Allez lentement et avec précaution, car la nuit est sombre et le sentier rapide. Ne tournez ni à droite ni à gauche, car vous vous perdriez. Arrivés au village, prenez la grande route, ou suivez le chemin du moulin.

Dans ce pays, il n'y a ni rivière, ni torrent : le sol est nu et calciné.

Préférez-vous suivre les rives du ruisseau, ou traverser le pont?

Expliquer oralement, en détail, la fonction de ces conjonctions. Mettre dans les phrases suivantes les conjonctions nécessaires :

La ville est vaste ... peuplée; ... elle n'est pas belle. Les rues en sont étroites ... tortueuses, On n'y voit ... grandes places ... avenues plantées d'arbres.

Lisez ... écrivez, à votre choix : ... ne perdez pas votre temps, ... vous n'êtes pas bien avancé dans vos études, ... vous êtes déjà âgé.

Je ne sais pas pourquoi il est venu, ... ce qu'il voulait me dire.

Prenez garde, ... le passage est dangereux.

Vous hésitez : ... vous n'êtes pas sûr d'avoir bien vu.

J'ai parcouru les villes ... les villages ; j'ai traversé les fleuves ... les mers.

Indiquer en outre les verbes, avec les temps, modes, genres, nombres ; indiquer les sujets et les objets des verbes, s'il y a lieu.

XXXVIII. Classification des neuf premières sortes de mots.

Nous venons d'étudier les différentes sortes de mots qui nous servent à exprimer nos pensées. Rappelez vos souvenirs, comptez, et vous en trouverez neuf : le nom, l'adjectif, le pronom, l'article, le verbe, le participe, l'adverbe, la préposition, et la conjonction.

Ces neuf sortes de mots, nous les avons examinées l'une après l'autre, dans l'ordre qui nous semblait le plus naturel, et nous avons bien compris, n'est-ce pas, quelle est la fonction de chacune d'elles.

Maintenant, il ne nous reste plus qu'à résumer et classer ce que nous avons appris, résumer et classer étant le meilleur moyen de se rendre compte.

Vous savez que *classer* c'est mettre chaque chose à sa place, en réunissant celles qui se ressemblent. Nous avons fait ainsi en arithmétique, en histoire naturelle; nous en ferons autant en grammaire. Rapprochons donc les neuf espèces de mots selon leur emploi, et voyons combien ils forment de classes.

PREMIÈRE CLASSE

1° Le *nom*, qui désigne les êtres et les choses en faisant connaître leur nature;

2° L'*adjectif*, qui indique leurs qualités;

3° Le *participe*, qui est une sorte d'adjectif formé d'un verbe.

Ces trois espèces de mots se ressemblent à tel point que souvent on les emploie l'un pour l'autre.

DEUXIÈME CLASSE

1° Le *pronom*, qui indique les êtres et les choses sans les nommer;

2° L'*article*, qui sert à déterminer une personne ou une chose entre plusieurs autres.

Ces deux espèces de mots doivent être mis ensemble, puisque l'article est un diminutif du pronom.

TROISIÈME CLASSE

Le *verbe*, qui exprime l'action.

Le verbe, avec toutes ses modifications, forme une classe à lui seul, parce qu'il n'a point de semblable.

Les mots de ces trois premières classes *changent de forme*, suivant le genre, le nombre ; la personne, le temps et le mode. On les appelle pour cette raison : MOTS VARIABLES, c'est-à-dire, dont la forme change, *varie*.

QUATRIÈME CLASSE

1° L'*adverbe*, qui exprime la manière, le temps, ou le lieu de l'action ;

2° La *préposition*, qui indique les rapports de position des personnes ou des objets entre eux, l'époque, et la direction des actions.

3° La *conjonction*, qui joint deux mots ou deux parties d'une phrase.

Ces trois espèces de mots ont plusieurs choses qui leur sont communes, entre autres celle-ci : qu'on ne peut en varier la forme. On

les appelle, pour cette raison, MOTS INVARIA-
BLES.

Cherchez maintenant dans votre souvenir les
espèces de mots variables et invariables, et dis-
posez-les sur votre cahier, en forme de tableau.

QUESTIONNAIRE.

Comment doit-on classer les neuf premières sortes de
mots ?

Définir chacune d'elles.

Quels sont les mots *variables ?* les mots *invariables ?*

EXERCICE.

Analyser, en indiquant les espèces de mots que vous
pourrez reconnaître, le récit intitulé : *Au coin d'un champ*
(Lectures morales, 2e année, page 39.

Analyser le récit intitulé : *La rose et les épines* (même livre
page 1).

XXXIX. L'Interjection. — Conclusion.

En avons-nous fini avec le classement des
mots? Pas tout à fait, mes enfants.

Si vous apercevez quelque chose d'inattendu,
vous vous écriez tout étonnés : *Ah !* Si on vous

raconte quelque chose d'extraordinaire ou d'affreux, vous vous écriez : *Oh!*

Ces cris qui vous échappent : *Ah! oh!* sont-ils des mots?

A la rigueur, oui. Et pourtant ce ne sont pas de véritables mots. — Voici la différence.

Les mots expriment des pensées, tandis que *ah, — oh,* expriment seulement votre impression soudaine et involontaire. C'est un cri plutôt qu'un mot véritable. Quand votre impression est calmée, vous pensez; et alors pour exprimer votre pensée vous faites une phrase composée de véritables mots, expliquant la nature ou la cause de votre impression.

Ah! — je n'avais jamais vu cela!

Ces petits *cris* qui expriment une impression et non une pensée, se nomment *interjections* ou *exclamations.* Nous les marquerons du signe o.

Voici les principales interjections :

Ah! » Ha!
Oh! » Ho! » Hé!
O!

Ce sont, comme vous le voyez, de simples

voyelles (puisqu'ici l'*h* ne compte pas), des sons que l'émotion nous fait proférer, mais sans dire quelle est la cause de l'émotion qu'ils expriment. Est-ce la joie ou la douleur? la frayeur ou la surprise? l'admiration ou l'horreur? On n'en sait rien. L'accent de la voix de la personne qui les prononce, l'expression de son visage, son geste, l'expriment seuls. Néanmoins *ha!* sert plutôt à marquer la surprise, l'effroi :

Ha! j'ai failli tomber!

hé! pour appeler :

Hé! venez ici!

O se met devant le nom de la personne ou de la chose à laquelle on s'adresse :

O mon père! » O mon Dieu! » O douleur!

Voici encore quelques autres exclamations : *Fi!* marque le dégoût, le mépris :

Fi! quelle honte!

Hélas! est comme une plainte, un soupir exprimant la tristesse :

Hélas! le vent effeuilla les fleurs!

Holà ! est un appel au secours, ou un avertissement à quelqu'un :

Holà ! l'homme, que faites-vous donc ici ?

Il y a peu d'interjections, mais vous verrez souvent d'autres mots employés en manière d'exclamation ou d'appel, c'est-à-dire servant d'interjections.

Vous avez compris, mes enfants, pourquoi l'interjection n'est pas absolument un mot. Cependant nous la compterons à la suite des véritables mots, pour ne rien négliger ni omettre.

On compte donc, en comprenant l'interjection, *dix* espèces de mots :

Première classe	Le nom. L'adjectif. Le participe.
Deuxième classe	Le pronom. L'article.
Troisième classe :	Le verbe.
Quatrième classe	L'adverbe. La préposition. La conjonction.
Et enfin	L'interjection.

QUESTIONNAIRE.

Comment appelle-t-on encore les exclamations qui expriment les impressions?

En quoi une interjection diffère-t-elle d'un mot proprement dit?

Certains mots qui ne sont pas des interjections, peuvent-ils être employés en manière d'exclamations?

EXERCICE.

Analyser comme précédemment, les phrases suivantes, et marquer les interjections.

Ah ! que le ciel est sombre !

Oh ! le joli papillon? Ah ! il s'envole ! — Il va se poser de nouveau. Chut ! ne fais pas de bruit. — Hé là-bas ! approchez ! — Ah vous voilà ! — Eh bien, cela vous étonne ? — Fi ! la mauvaise action ! — Holà? qui êtes vous ?

EXERCICE DE RÉCAPITULATION.

Analyser la petite lecture intitulée : *La fête de grand'-mère* (Lectures morales, 2ᵉ année, page 38), en marquant l'espèce des mots, le genre, le nombre, le temps, la personne, etc.

Analyser de même la petite lecture intitulée : *Repentir tardif* (même livre, page 40), et l'Introduction à la Géographie (Géographie, 3ᵉ année, page 1).

LECTURES ET DICTÉES

LECTURES ET DICTÉES.

LES DEUX ORDRES DE TRAVAIL.

I

Travail des mains.

Trois gentils enfants, Lucie, Annette et Paul, étaient venus, avec leur cousin Jérôme, passer une semaine à la campagne. Quelle fête! quel plaisir! — Arrivés dès le matin, ils s'installaient gaiement dans une grande chambre de la ferme, spécialement réservée aux amis.

Mais, à la ferme, on ne trouve que les ustensiles absolument nécessaires. Il faut se servir soi-même, et souvent imaginer des expédients pour suppléer à ce qui manque. Mais, bast! quand on sait s'en tirer, n'est-ce pas un plaisir de plus?... Pour comble d'embarras, le père et la mère furent obligés de s'absenter le jour même de leur arrivée à la campagne ; si bien que nos amis se trouvèrent tout à fait maîtres dans la grande chambre qui leur avait été assignée pour demeure ; libres d'ailleurs d'errer à leur gré dans les cours, les jardins et les champs, ce qu'ils ne manquèrent pas de faire pendant une partie de la journée.

« Si nous ne faisons que jouer, dit enfin la sœur aînée, qui fera notre ménage ? »

Cette sœur aînée était Lucie. Elle avait dix ans, et était naturellement la plus raisonnable.

« Qui fera aussi le dîner de nos chers parents ? ajouta-t-elle ; car il ne cuira pas tout seul ; et quand ils reviendront, ce soir, ils auront grand appétit. Voyons, mes amis, à l'ouvrage ! Que tout soit prêt pour leur retour.

— Mais par où commencer ? demanda Annette ; il y a beaucoup à faire !

— D'abord il faut donner de l'air dans cette chambre, s'écria Paul en courant ouvrir la fenêtre.

La fenêtre n'avait pas été ouverte depuis longtemps ; elle tenait ferme. Il fallut que les trois enfants réunissent leurs efforts pour la faire céder. Aussitôt un flot d'air pur et une vive lumière entrèrent dans la chambre.

— A présent, balayons! dit Annette.

Et leste! le balai voltige de ci, de là, chassant vers la porte la vieille poussière qui court pour se cacher dans tous les coins. Paul lui-même prend le plumeau, et s'escrime bravement le long des murs, sur les meubles, les chaises, soulevant des nuages de poussière, qu'il eût mieux enlevée en passant doucement un linge. La chambre aérée et propre, Lucie ouvre la vieille armoire de chêne; elle en retire les serviettes, tabliers de cuisine, ainsi que les assiettes, etc. Puis elle dresse les lits, et y met des draps de toile un peu grosse, mais éclatants de blancheur.

— Et maintenant que dois-je faire? demanda Paul.

— Va chercher du bois et prépare le feu; puis remplis cette cruche à la fontaine. Toi, Annette, essuie cette vaisselle; puis va demander du lait, du beurre et des œufs à la fermière. Je me charge du reste.

Ainsi chacun des trois enfants prend sa part du travail. Personne ne se fatigue, et comme on rit! Annette et Paul du moins, car Lucile n'a pas le temps de rire ; c'est elle qui est la grande ménagère. Aussi est-elle très-affairée. Pendant qu'elle fait la soupe, Annette dresse le couvert.

Et le temps s'écoule avec une rapidité dévorante. Voici le soir. Déjà ! Les légumes sont épluchés et lavés, les œufs battus pour faire l'omelette, les fruits choisis et dressés en pyramides dans les corbeilles. Paul entretient le feu. Bientôt la marmite bouillonne, la casserole frémit, la bouillotte chante au coin des tisons. Paul qui s'y connaît, déclare qu'il flaire une odeur appétissante.

Puis le plaisir sera complet : il y a une surprise. Lucile prépare une compote ; on en gardera le secret aux parents jusqu'au dessert.

Mais pourquoi donc le cousin Jérôme n'est-il pas venu faire sa part de la gaie besogne ? M. Jérôme est allé se promener au jardin. Il dit que faire le ménage ne l'amuse pas. Il paraît que se promener au jardin tout seul ne l'amuse pas beaucoup non plus ; car voilà cinq ou six fois déjà qu'il vient regarder ce qui se passe dans la chambre.

— Eh bien, tu ne nous aides pas, Jérôme ? demande Lucie.

— Grand merci, cousine, répond Jérôme faisant la grimace.

— Mais je t'assure que c'est très-amusant, reprend Paul.

— Oui, quand on aime à se salir les doigts.

— Est-ce que l'eau manque pour se les laver? Nous ne sommes qu'à deux pas de la rivière.

— Tu ferais bien mieux de laisser tout ce tracas à la servante de la ferme, dit Jérôme à Lucie. Un joli métier pour une jeune fille bien élevée!

— Une jeune fille bien élevée, répliqua Lucie d'un ton sérieux, est celle qui sait se tirer d'affaire par elle-même, et rendre service aux autres à l'occasion.

Jérôme, piqué, fit un pas vers la porte.

— Et toi, Paul, reprit-il d'un air railleur, est-ce que tu as aussi du goût pour le ménage?

— Beaucoup! répliqua résolûment le brave Paul; et puis j'aime à aider mes sœurs.

— Est-ce que la cuisine regarde les garçons?

— Puisqu'elle les regarde pour la manger, elle peut tout aussi bien les regarder pour la faire. Et en outre, scier le bois, porter l'eau, réclame une certaine force; cela est donc de l'ouvrage de garçon. Et toi qui méprises tant le dîner (que tu ne saurais pas faire), je voudrais voir ce que tu mangerais si tu ne pouvais compter que sur toi.

Cette idée fit rire tout le monde, excepté Jérôme.

À ce moment le père et la mère rentrèrent de leur course.

— Nous ne vous attendions pas sitôt! s'écrièrent les enfants.

— Et pourtant, ajouta Lucie d'un petit air triomphant, le dîner est prêt!

— C'est charmant! dirent à la fois le père et la mère. Pourvu qu'il soit bon!

Et ils prirent place à table, gais et souriants. Les trois enfants s'assirent à leurs côtés, de l'air satisfait de gens qui ont fait leur devoir. La soupe était fumante, cuite à point, et salée?... juste ce qu'il fallait. Bref, tout le dîner fut trouvé excellent.

— Que dis-tu de ce potage, Jérôme? Et cette omelette est-elle de ton goût? disaient les enfants d'un petit air narquois.

— Et cette compote? demanda Lucie en posant la surprise sur la table.

— Qu'ont donc ces enfants? demanda le

père, qui s'aperçut de leurs taquineries à l'adresse de Jérôme.

Il fallut tout raconter.

— Votre cousin, dit le père, est la victime d'un préjugé, c'est-à-dire d'une idée fausse. Ce n'est pas tout à fait sa faute. Il existe nombre de gens inconsidérés qui présentent à la jeunesse le travail des mains comme une humiliation, et prétendent qu'on s'abaisse en exécutant soi-même quelque chose d'utile.

— J'ai lu dans mon livre, s'écria Annette, que cette idée est une idée de sauvages.

— En effet, répondit le père, chez les sauvages, les hommes croiraient déchoir en soulageant leurs femmes dans les soins de la vie commune, et dans la charge des fardeaux sous le poids desquels elles sont parfois écrasées. Mais lorsque Jérôme aura passé quelque temps avec nous, qui n'avons point ce préjugé, et qui sommes des gens réellement civilisés, votre cousin se fera une idée plus exacte de bien des choses. Il comprendra que la paresse seule est dégradante, et qu'il n'y a rien de plus honorable en ce monde que de savoir travailler de toute manière, suivant les circonstances et les nécessités.

II

Travail de l'esprit.

Le lendemain, toute la famille alla se promener dès le matin, et l'on passa au détour d'un chemin, près d'une jolie maison blanche.

Paul regarda cette maison d'un air courroucé, et se rappelant les paroles que son père avait dites la veille, il laissa échapper cette observation :

— En voilà un fier paresseux, ce grand monsieur qui demeure là-dedans ! Il ne fait que se reposer du matin au soir.

— Prends garde, Paul, reprit vivement le père, prends garde d'être injuste. Es-tu bien sûr que ce grand monsieur, comme tu dis, ne travaille pas ? et peut-être même laborieusement, péniblement ?

— Je suis bien sûr qu'il ne fait rien, répliqua Paul, car il ne travaille ni à la fabrique, ni aux champs, ni à la forge. Il passe son temps à lire, à écrire ou à dessiner, et ne fait œuvre de ses dix doigts.

— Sais-tu, Paul, que chaque soir on voit sa petite fenêtre, là-haut, éclairée par une lampe jusque passé minuit ?

— Eh bien, c'est que la veillée amuse ce monsieur.

— Oui, il veille, mon enfant, pendant que vous dormez. Il lit, il écrit, il étudie, *il travaille!*... Ce monsieur est un savant et un artiste ; et l'application d'esprit qu'impose l'étude de l'art et de la science est plus fatigante encore que le travail des mains. Les livres, les crayons, l'encre, et la plume, sont les outils de ce travail élevé. Et ce n'est pas un apprentissage de trois ou quatre ans qui suffit pour en devenir capable : c'est la vie tout entière qui doit y être consacrée.

— A quoi donc sert le travail des savants et des artistes ?

— Il profite à tous et à tout. As-tu vu ton oncle Alfred étudier des journées entières dans un gros livre où se trouvent représentés des bras, des jambes ?...

— Ah ! oui, un livre d'*anatomie*. Mais mon oncle étudie pour devenir médecin. La médecine est une profession utile.

— Eh bien, mon enfant, tu sauras que ce

gros livre dans lequel ton oncle apprend ce qu'il doit savoir pour devenir médecin et guérir les hommes, c'est le grand monsieur de la maison blanche qui l'a composé.

— Vraiment? s'écria Paul au comble de l'étonnement.

— Oui, et il en a écrit beaucoup d'autres encore. Quand tu voudras apprendre la botanique, je te donnerai un beau livre orné de dessins de fleurs qui est aussi son ouvrage. Trouves-tu, Paul, que travailler pour s'instruire et instruire les autres, ne soit pas un véritable travail? et penses-tu que ceux qui y dévouent leur existence méritent le nom de fainéants?

— Oh! non, mon père; mais j'ignorais que ce monsieur....

— Il y en a beaucoup d'autres que lui, qui travaillent de tous côtés, pour découvrir les secrets de la science; pour enrichir de ses trésors, de ses bienfaits, l'intelligence des hommes et augmenter leur bien-être. Il y a, mon enfant, un travail de l'esprit comme il y a un travail des mains; et le premier est encore sois-en certain, plus incessant que l'autre. Les savants, les artistes, ceux qui instruisent les enfants, ceux qui consolent ou améliorent

leurs semblables, bien qu'ils ne travaillent
pas de leurs mains, sont des membres utiles de
la société et de l'humanité. Tous ceux-là, sa-
che-le bien, sont de généreux et d'infatigables
TRAVAILLEURS. »

LA PETITE MAMAN.

Louise est une charmante fillette, raisonnable autant que douce; et sa mère, qui travaille
pour gagner la vie de ses enfants, est une mère
bien heureuse.

Louise a déjà douze ans; elle est gaie, vive
et pourtant sérieuse au fond. Il est bien
heureux que Louise soit ainsi, car elle a un
petit frère qui est âgé d'une fois et demie autant de mois que sa sœur a d'années. Et il
faut voir comme Louise aime son petit frère!
Comme elle le soigne, le fait jouer, manger,
dormir! Elle le conduit par la main pour le
faire marcher, le porte dans ses bras quand il

est fatigué. Louise est une véritable *petite maman*.

Le plus grand plaisir de la fillette, c'est de coudre les vêtements du petit frère. C'est qu'elle est adroite couturière, Louise! Le matin, après que ses devoirs sont faits, et tandis que l'enfant dort encore paisiblement, elle s'assied à la fenêtre, et tire gaiement l'aiguille en fredonnant un air à demi-voix. Si vous saviez les jolies petites chemises, les élégants petits bonnets qu'elle lui a faits! Elle lui a même cousu toute une petite robe; mais il faut dire que sa maman l'avait taillée.

Quant à la manière dont les coutures étaient faites, vous pouvez m'en croire, je ne vis jamais plus jolis petits points, piqûre plus régulière, surjet plus uni, ourlet mieux rabattu.

Par son talent pour la couture, Louise aide beaucoup sa mère, qui a tant d'ouvrage! Elle se rend utile; elle-même en est ravie, et c'est tout naturel. Quel plaisir quand elle voit son petit frère revêtu de la blouse neuve ou du jupon qu'elle a fait, qu'elle a cousu, après l'avoir essayé plutôt deux fois qu'une!

LE PETIT MÉCANICIEN.

Un jour, un petit garçon, pauvrement vêtu, était assis en face d'un moulin dont l'eau d'un petit canal faisait tourner la roue. L'enfant était absorbé par un travail auquel il mettait une attention singulière. On voyait, épars sur l'herbe, à portée de sa main, de petites lattes de bois, des retailles de planches; quelques outils grossiers et pourtant ingénieux, tels que fragments de scies, lames de couteaux, longs clous à pointe aiguisée, emmanchés dans des tronçons de baguettes. L'enfant, assis au milieu de tout cet arsenal, taillait de petits morceaux de bois, les mesurait, les ajustait avec ardeur, et sans lever les yeux de son ouvrage.

Sur ses genoux était posée une petite roue de moulin, si habilement exécutée qu'on eût dit une copie réduite de la grande roue du moulin. Pourtant, elle ne lui ressemblait pas complétement. Notre petit mécanicien n'avait pas voulu se borner à copier ce qu'il voyait; il avait conçu quelque chose de mieux, et il essayait de perfectionner le moulin, suivant ses idées.

Depuis quelques instants, un monsieur s'était approché, et se tenait debout, examinant en silence le travail et le travailleur.

Il comprit ce que l'enfant voulait faire :

« C'est bien imaginé, lui dit-il enfin. Tu as une idée, mon garçon.... Mais les outils te manquent.

— C'est vrai, monsieur, répondit le petit garçon sans s'étonner. Si j'avais de bons outils, comme ceux du forgeron et du menuisier de notre village, mon moulin serait bien plus tôt fait. Mais j'en viendrai à bout tout de même.

— Veux-tu venir avec moi? demanda le monsieur. Je te mettrai en apprentissage chez un mécanicien de mes amis; il t'enseignera sa profession, et te prêtera tous les outils, livres, dessins, qui ont trait à la mécanique. »

Dire la joie du petit garçon à cette offre est impossible. Il conduisit le monsieur chez ses parents; l'enfant fut confié à ses soins, et emmené par lui chez le mécanicien.

Là, il travailla et étudia avec tant d'ardeur, qu'il devint le plus grand mécanicien de son

pays, et l'un des savants dont les inventions
ont le plus contribué aux progrès de l'indus-
trie.

LES NUAGES.

I

Signe de beau temps.

Enfants, avez-vous vu, quand l'air est pur et
tranquille, avez-vous vu là-haut, au-dessus
de vos têtes, flotter de petits nuages blancs,
semblables à de légers flocons d'ouate, ou plutôt mille fois plus légers encore? Parfois le ciel
en est tout parsemé !

« Charmants petits nuages, éparpillés dans le
ciel bleu, ou courant tous à la file, vous res-
semblez aux jolis moutons blancs qui traversent les prairies, le soir, pour rentrer aux étables. De là vient sans doute qu'on dit en vous
voyant : « Le ciel est moutonné. »

Qu'est-ce donc que ces petits nuages? D'où viennent-ils? où vont-ils? qui les pousse?

Les savants nomment ces nuages floconneux des *cirrus*, nom qui indique, en latin, cette forme de nuages.

Enfants, qui aimez le beau soleil et les jeux au grand air, réjouissez-vous quand, après les jours d'orage, vous voyez le ciel parsemé de cirrus blancs. Ces nuages vous annoncent le

Cirrus.

retour du beau temps; ils vous disent : « Les vapeurs qu'il y a dans l'air sont légères, elles s'élèvent; la pluie ne viendra pas vous emprisonner dans les maisons, trop étroites pour vos jeux. »

II

La journée pluvieuse.

Comme le jour est sombre ! On entend le bruit triste de la pluie qui tombe sur les toits. Les fleurs du jardin sont toutes penchées, et les feuilles des arbres laissent tomber de grosses gouttes d'eau, comme si elles pleuraient.

Le ciel est couvert de grands nuages gris, qui

Nimbus.

pendent là-haut, semblables à de lourds rideaux déchirés, et effrangés à leurs bords.

Ces gros nuages passent lentement, lentement au-dessus de nos têtes ; et à mesure qu'ils s'éloignent, d'autres s'approchent, encore plus gris et plus sombres.

Près de l'horizon, au-dessus des collines, ils sont si noirs, qu'ils font sur la terre une grande ombre.

Ces lourds nuages aux bords effrangés, ce sont les *nimbus,* ou nuages sombres des jours pluvieux ; grandes masses de vapeurs épaisses que le vent roule dans l'air. Ils passent près de terre en rasant les sommets des hautes collines, et en passant ils laissent tomber sur les champs et les bois leur eau condensée en gouttelettes.

La terre, parfois dure et desséchée, s'humecte alors ; les plantes qui avaient soif s'abreuvent. Et quand la pluie est passée, quand le soleil radieux se montre de nouveau, l'air est plus doux, le soleil est plus pur, les fleurs sont plus fraîches.

Chers amis, quand, par un brûlant jour d'été, vous verrez, du haut des collines, les champs et les prairies s'étendant à perte de vue, vous vous demanderez peut-être à vous-mêmes : Qui donc pourrait arroser toutes les fleurs de cet immense jardin ? Alors vous vous rappellerez les gros *nimbus* sombres qui, de temps en temps, obscurcissent le ciel, et suivant l'ordre admirable établi par Dieu dans la nature, apportent l'eau et la vie aux terrains desséchés, aux fleurs heureuses, rafraîchies par l'ondée. Il y a bien, dans cette pensée, de quoi faire accepter l'ennui d'une journée pluvieuse.

———

III

Les montagnes de nuages.

Elle est passée, la pluie d'orage. Nous revoyons le soleil brillant ; l'eau s'égoutte des feuilles et des toits. Il y a dans l'air transparent des odeurs de mousse humide ; on entend le bruit de petits ruisselets qui fuient le long des sentiers ravinés.

Le ciel est redevenu bleu, d'un beau bleu pur et vif. Mais qu'apercevons-nous à l'horizon lointain ? On dirait une chaîne de montagnes immenses qui se serait tout à coup dressée. Ce sont des *montagnes de nuages* que le vent orageux construit dans l'espace. D'épais nuages gris forment leurs flancs sombres, appuyés d'énormes contre-forts, tandis que leurs cimes, éclairées par le soleil, semblent de hauts sommets couverts d'une neige éblouissante. Là, on croit voir des pics aigus ; ici, des dômes arrondis ; plus loin, des rochers entassés l'un sur l'autre. Parfois on dirait de grosses avalanches qui se détachent et vont s'écrouler ; ou bien des glaciers qui s'étendent sur les pentes. Ailleurs,

Cumulus.

un rayon de lumière bordant le contour d'un nuage, lui donne l'apparence d'un torrent écumeux qui se précipite des hauteurs.

On nomme *cumulus*, d'un mot qui signifie : entassement, ces amas de vapeurs *accumulées* à l'horizon. Souvent ils sont si opaques, ils paraissent si solides, qu'ils ressemblent, à s'y tromper, à des montagnes véritables aperçues dans le lointain.

« Cumulus, grosse montagne grise, qui te montres là-bas avec tes sommets dressés dans le ciel, on dirait de loin que tu veux barrer le chemin aux voyageurs. Comment franchir tes pics neigeux, tes glaciers, tes torrents qui sont en travers de la route ? »

Mais voilà que le vent souffle d'un autre côté, et disperse cet amas de vapeurs condensées qu'il avait réunies. Le soleil les dissipe. L'immense chaîne de montagnes s'efface ; il ne reste plus qu'un brouillard léger qui bientôt va disparaître à son tour. Fragiles montagnes de nuages, un souffle les a bâties, un souffle les fait évanouir.

Ainsi, souvent, on croit avoir devant soi un travail énorme, des difficultés insurmontables. « Comment vaincre tous ces obstacles?... Comment accomplir tous ces devoirs?... » On croit voir des montagnes de pierre.... Dès qu'on se met bravement à l'œuvre, ce ne sont plus que des montagnes de nuages.

IV

Coucher de soleil.

Oh ! que nous en avons vu de beaux nuages, le soir, au coucher du soleil ! Assis sur un rocher au bord de la mer, nous apercevions devant nous l'immense étendue d'eau salée, et tout au loin, à l'horizon, comme un trait net et droit, tiré entre le ciel et l'eau.

Quand l'air est calme et le ciel bleu, la mer est calme comme l'air et bleue comme le ciel. Sa surface est unie et luisante comme celle d'un étang où le vent forme à peine de petites rides arrondies. Souvent, alors, on voit dans le ciel clair, près de l'horizon, de grandes raies de nuages immobiles, et parallèles à la surface de la mer.

Pourquoi ces nuages sont-ils ainsi, allongés, immobiles, et parallèles ? Parce que les vapeurs de la terre ont monté doucement dans l'air paisible ; que nul souffle de vent ne les a troublées, ni éparpillées à travers l'espace. Elles se sont étendues mollement là-haut, en couches

horizontales, comme le vin doucement versé
sur un verre d'eau, s'étend à la surface, et sur-
nage à cause de sa légèreté. Ces longues raies
qui traversent le ciel sont des *stratus;* ce sont
les nuages des beaux soirs; ils annoncent une
nuit paisible et étoilée.

Stratus.

Le soleil près du couchant s'abaisse vers la
mer; ses rayons, reflétés par l'eau tranquille,
y forment au-devant de lui une trace éblouissante. On dirait un chemin de feu. Alors les ban-
des grises des stratus, paraissent bordées de feu;
le ciel est tout rayé de bleu, de gris et d'or.
Puis, le soleil semble toucher l'horizon; on croit
voir son globe enflammé s'enfoncer doucement
dans les eaux; comme, de l'intérieur des terres,

on croit le voir se cacher derrière les collines, ou descendre au milieu des grands bois.
Il disparaît enfin. Alors le chemin de feu s'efface, les nuages pâlissent, leur frange dorée devient successivement orangée, puis rouge. Et
longtemps après que le soleil a disparu, ils ont
encore des reflets violets, qui ne s'éteignent que
lentement.

Peu à peu la nuit approche : les premières
étoiles paraissent; mais, au couchant, le ciel
est encore éclairé d'une lueur blanche semblable à la lueur de l'aube; et les stratus deviennent comme de longues barres noires traversant le ciel obscurci.

Rien n'est beau, mes enfants, comme le lever
et le coucher du soleil. Rien ne dépasse autant
la puissance des hommes, et ne fait autant penser à Dieu.

CROQUEMITAINE.

I

« Il a de grandes dents, de gros vilains yeux méchants; ses doigts ont de grands ongles, longs comme ça!... — Il est couleur de suie des pieds à la tête. Il a une grande hotte sur le dos, et des cornes sous son bonnet!...

— Qui donc?...

— *Croquemitaine!* »

C'était de Croquemitaine qu'il s'agissait. Et c'était la blonde Angélique, une grande fille de treize ans, qui faisait cette belle description à sa petite sœur Mimi, qui avait cinq ans à peine. Angélique venait de coucher Mimi; elle l'avait bien soigneusement arrangée dans son petit lit; et maintenant elle lui racontait ce que nous venons de voir.... pour l'engager à s'endormir.

Mais Mimi n'avait pas sommeil. Elle aurait voulu veiller encore un peu avec ses parents, et elle ne s'endormait pas; au contraire, la description de Croquemitaine l'avait réveillée tout à fait. Elle pleurait.

« — Taisez-vous, mademoiselle! » disait Angélique. Puis se radoucissant : « Prends garde, ma pauvre petite ; s'il allait t'entendre pleurer il viendrait te prendre. Tu ne sais donc pas ? Croquemitaine rôde par les rues, le soir, pour emporter les petits enfants qui ne sont pas sages. Quand il fait bien sombre, il est là, qui écoute aux portes des maisons. Et s'il entend de petits enfants qui crient et ne veulent pas dormir, il frappe à la porte : « Pan, pan! » Il monte l'escalier : « Toc, toc, toc! » Et avec sa grosse voix : « Où est-elle la petite fille qui fait la méchante, que je la mette dans ma hotte pour l'emporter dans ma prison ! »

La pauvre Mimi ouvrait de grands yeux tout effrayés, en essayant de se taire, et de retenir ses pleurs.

« — Eh bien, seras-tu sage? ajouta Angélique. Écoute.... Ne frappe-t-on pas à la porte?... si c'était lui! Taisons-nous, dors bien vite, qu'on ne t'entende plus, pauvre petite. Si tu dors ma mignonne, le vieux Croquemitaine ne viendra pas, va ! Reste donc bien tranquille. Allons, embrasse-moi, ma chérie, et dors bien. »

Là-dessus, Angélique s'en alla.... en emportant la chandelle.

— Bonne nuit, Mimi ! cria-t-elle encore avant de fermer la porte.

II

Notre blonde Angélique, qui faisait peur de Croquemitaine à sa petite sœur, croyait-elle elle-même à l'existence de ce hideux personnage ? Elle n'y croyait pas plus que vous et moi. Elle avait même grand'peine à garder son sérieux, en racontant son effrayante histoire. Pour Mimi, qui était très-jeune, elle croyait tout ce qu'on lui disait. Elle n'était pas encore capable de distinguer entre un conte inventé à plaisir, et une histoire véritable. Jugez si elle devait avoir peur de Croquemitaine !

Quand sa sœur fut partie, elle devint toute tremblante. Elle ne pensait qu'à l'être malfaisant qui était censé punir les coupables de son âge. Blottie sous les couvertures, et le plus près possible de la muraille, elle n'osait faire aucun mouvement. Elle finit pourtant par s'assoupir; mais au lieu d'avoir un sommeil paisible, elle était agitée comme si elle avait eu la fièvre.

Bientôt, pendant que toute la famille veillait encore autour de la table, on entendit tout à coup Mimi pousser des cris aigus. Elle s'était réveillée en sursaut. Sa mère accourut en hâte.

« Qu'as-tu, chère petite? s'écria-t-elle.

— Ah! mère, je l'ai vu, il est là, au pied du lit! »

Et la pauvre enfant se cachait la tête dans le sein de sa mère, en la serrant de toute sa force.

« Calme-toi, ma chérie, disait la mère, n'aie pas peur, je suis avec toi, ma mignonne. Dis-moi donc ce qui t'est arrivé?

— Ah! dit Mimi encore toute tremblante, j'ai entendu frapper à la porte....

— C'est ton oncle qui vient de rentrer.

— J'ai entendu de grands pas monter dans l'escalier.

— Ton oncle est, en effet, monté à sa chambre.

— Et puis je l'ai vu.... là, tout près de mon lit; avec ses deux yeux brillants!

— Mais qui?

— Croquemitaine ! »

A ce nom terrible.... qui vous fait rire, heureux petits enfants, la mère devina tout.

« Où croyais-tu le voir ce Croquemitaine? demanda-t-elle à sa petite Mimi.

— Là, dans ce coin. »

La mère regarda dans le coin.

« C'est le manteau de ton père qui est accroché au porte manteau, dit-elle.

— Et les deux yeux brillants que je vois?

— Ce sont deux gros boutons de cuivre. »

La mère alla chercher le manteau. Mimi le vit, le toucha, et se rassura au point de rire elle-même de son erreur; mais elle riait en poussant encore de gros soupirs, comme les enfants qui ont beaucoup pleuré. Pourtant elle ne voulut plus rester seule; il fallut que sa mère la couchât avec elle le reste de la nuit. Là, se sentant protégée, elle s'endormit doucement. Un petit enfant est si bien tout près de sa mère, la tête sur le même oreiller. Il n'y a plus de chagrin qui tienne à ce doux voisinage.

Mais le lendemain, et quelques jours encore après, Mimi resta pâle et presque malade.

Au matin, la mère interrogea Angélique. La fillette, qui savait d'où venait le mal, se montra toute confuse.

« Mon enfant, lui dit la mère, je ne veux rien ajouter aux reproches que ta conscience te fait en ce moment. Quand tu étais toute jeune, je te montrais combien il est ridicule de s'effrayer d'un conte, et d'avoir peur d'un danger imaginaire. Pourquoi, maintenant que tu es grande, te faire un jeu cruel de tromper et d'effrayer les autres ? Tu aimes assez ta sœur pour que le mal qu'elle a éprouvé te serve de leçon. Mais comprends, ma fille, combien il est peu généreux de tromper les personnes qui manquent de lumières, et d'abuser ainsi de la confiance qu'elles mettent en nous. »

Angélique alors chercha à s'excuser :

« Mimi était méchante, dit-elle ; je lui ai fait peur afin qu'elle restât tranquille.

— La bonne éducation que tu donnerais à ta petite sœur si je te la confiais ! reprit la mère avec sévérité. Tromper un enfant pour le soumettre ? l'effrayer pour s'en faire obéir ? Ceux qui t'ont enseigné cela, ma fille, t'ont enseigné une erreur et un crime. Non, il n'est permis de tromper ni les enfants ni personne pour obtenir ce que l'on désire. Quand on cherche réellement le bien, c'est par l'amour qu'il faut savoir l'obtenir, et jamais par la crainte. »

UN JOUR DE NEIGE.

Allégorie et réalité.

I

Le ciel est tout gris, la terre est toute blanche. Les arbres, sans feuilles, ont leurs rameaux grêles comme enveloppés d'une ouate fine.

Où sont les sentiers? Où sont les sillons? Les champs et les chemins sont cachés sous la neige. On dirait que l'on marche sur un tapis moelleux qui étouffe le bruit des pas.

Comme tout est changé depuis hier! Pas un son, pas un souffle. Les flocons de neige descendent en voltigeant, comme de légers duvets

La neige.

que le bonhomme l'Hiver nous jetterait de là-
haut. Ces froids duvets qui tombent des nuages,
ce sont des millions de petites étoiles cristallines,
merveilleusement découpées ; blanches fleurettes de l'hiver, si frêles qu'un souffle les fait
évanouir.

La gelée sur les vitres.

Et voilà que cette nuit, le froid a dessiné
sur nos vitres des arbres et des feuillages qui
ressemblent aux plantes de la mer. C'est la
dentelle du givre délicatement brodée de fines
aiguilles de glace.

II

Autrefois, mes enfants, ma nourrice, qui est bien vieille à présent, me racontait des récits et des histoires merveilleuses! Et comme elle était très-ignorante, ma bonne nourrice, quand je lui faisais des questions, elle m'expliquait toute chose à sa manière, en entremêlant ses explications de contes que je trouvais fort jolis.

Un soir, par exemple, elle me disait que les étoiles sont des lampes allumées au ciel pour éclairer la nuit. Alors je me figurais de jolies petites lampes accrochées là-haut; et comme la lumière des étoiles *scintille*, c'est-à-dire paraît agitée, je me disais : « Sans doute, c'est le vent qui fait trembloter leur flamme.... » Et mille autres choses aussi peu vraies que celle-là.

Lorsque l'hiver était venu, et que la neige couvrait la terre, je demandais à ma nourrice : « Qu'est-ce donc qui fait tomber la neige? » Et elle me répondait : « Mon petit, c'est le bonhomme l'Hiver qui plume ses oies. » Et je me représentais l'Hiver comme un grand bonhomme gris, enveloppé dans un manteau

de brouillard, assis sur le haut d'une colline
que j'apercevais dans le lointain. Je croyais
le voir, au milieu d'un immense troupeau
d'oies qu'il dépouillait mal à propos, vu le
grand froid, et dont il perdait le précieux duvet, tourbillonnant dans l'air sous forme de
jolis flocons de neige.

Je voyais à regret le vent emporter ces flocons
au loin, les disperser sur la campagne, et pendant mon sommeil je ne rêvais que du bonhomme
l'Hiver.

Un jour qu'il neigeait, je répétai à mon père
le conte du père l'Hiver plumant ses oies.

« Qui t'a dit cela, mon enfant? me demanda-
t-il?

— C'est ma nourrice.

— Et tu le crois?

— Mais oui, puisque ma nourrice me l'a
dit....

— Voyons, mon ami, reprit mon père, réflé-
chis un peu, et consulte ta raison. Tu es déjà
assez grand pour distinguer l'absurde du possible. Tu vois la campagne couverte de neige,
ainsi que tout le pays qui nous entoure jusqu'à une grande distance. Comment peux-tu
croire qu'une telle quantité ait été semée par

un homme? Quel homme! et que d'oies il faudrait! »

A cette remarque de mon père, je sentis combien ma crédulité était stupide.

« Tu as raison, père, m'écriai-je tout confus, je n'avais jamais pensé à cela. Mais alors qu'est-ce donc que la neige?

— C'est la vapeur des nuages qui se refroidit et se congèle. »

Alors mon père m'expliqua ce que vous savez déjà fort bien, mes enfants.

Cette explication me causa un grand plaisir, parce que je sentais que mon père me disait la vérité. C'est que la vérité est ce qu'il y a au monde de plus intéressant et de plus beau. Les contes de nourrice sont quelquefois jolis; mais à mesure que l'on grandit, que l'on s'instruit, les contes s'effacent devant la science, comme les brouillards devant le soleil.

III

Le lendemain, mon père m'appela près de lui avec ma sœur et mon frère.

« Écoutez, nous dit-il, ce n'est pas assez de savoir ce que les choses ne sont pas, il faut savoir aussi ce qu'elles sont. Donc, mes amis, je veux vous faire voir combien la neige est une charmante chose, composée d'étoiles, de fleurs....

— Ah ! père ! m'écriai-je, toi aussi tu vas nous faire un conte.

— Ce n'est pas un conte, mon enfant, dit mon père, c'est seulement une figure, une comparaison de formes. Je vais vous faire voir ces étoiles tombées du ciel, ces délicates fleurs de l'hiver. »

Il alla chercher un morceau de drap noir, puis il ouvrit la porte du jardin. Une bouffée de vent froid nous frappa le visage, et la neige entra en tourbillonnant. Mon père étendit son morceau de drap, aussitôt cinq ou six flocons vinrent s'y poser doucement.

« Voyez ! » dit-il. — C'était vrai ! chaque petit flocon avait la forme d'une charmante étoile, fine, transparente, merveilleusement découpée, et toute petite. Les plus gros flocons étaient composés de dix ou vingt fleurettes, toutes plus jolies les unes que les autres ; et pour mieux nous les faire voir, mon père les

séparait délicatement avec la pointe d'une aiguille !

« Voyez celle-ci, voyez celle-là ! et cette autre encore ! Chacune d'elles est formée de fils
de glace presque imperceptibles. Toutes ces
charmantes fleurettes sont différentes, mais

Les fleurs de la neige.

elles ont toutes six rayons, ou trois seulement.
Prenez ce verre grossissant, et servez-vous en
pour mieux regarder ces fleurs de neige ; elles
vont vous paraître trois ou quatre fois plus
grandes que vous ne les voyez avec vos yeux
seuls. Plus tard, je vous expliquerai pour-

quoi ce verre (qu'on appelle une *loupe*), fait voir les objets plus gros qu'ils ne le sont. »

Mais nous écoutions à peine : nous étions tout yeux. Nous nous passions la loupe de l'un à l'autre, et c'étaient des cris d'admiration et de surprise. Nous ne nous lassions pas de regarder ; lorsque notre petit frère, se penchant pour voir, jusqu'à mettre le nez dessus, voilà que toutes les fleurs de neige s'effacent, disparaissent, ne laissant plus à leur place que quelques gouttelettes d'eau limpide.

« Elles sont fondues ! m'écriai-je avec désappointement.

— C'est ton frère, repartit notre père, qui, sans y songer, a envoyé son haleine à la surface du drap : la chaleur de sa respiration a fait fondre les petits flocons ; l'eau solide qui les formait s'est transformée en eau liquide, et voilà comment, ajouta-t-il en souriant, les étoiles et les fleurs que l'hiver sème sur la terre sont devenues des perles. »

IV

Mon frère et ma sœur retournèrent à leurs jeux, et je restai seul avec mon père.

« Père, lui dis-je après un instant de réflexion, puisque le bonhomme l'Hiver n'existe pas, pourquoi as-tu dit tout à l'heure : « les étoiles et les fleurs que l'*hiver sème sur la terre ?* »

— Mon enfant, répondit mon père, cette façon de parler est une allégorie, c'est-à-dire une manière de figurer les choses à l'imagination. Comme je désire que tu te rendes compte de la différence qu'il y a entre une réalité et une chose figurée, je vais t'expliquer ce que c'est qu'une *allégorie.*

« Tu sais que les objets matériels ont une couleur et une forme ; donc, lorsque nous voulons donner une idée de ces objets, nous y parvenons en imitant leur forme et leur couleur. C'est ainsi que l'on peint des portraits, des fleurs, des fruits, et tous les êtres et toutes les choses qui ont une forme et une couleur.

« Mais si je te dis : « Fais-moi une représenta-

« tion de la méchanceté. » Comment t'y prendras-tu?

« La méchanceté n'est ni un objet ni un être. Elle n'a ni forme ni couleur, on ne peut donc la figurer par un dessin. Mais on peut dessiner une chose qui en donne l'idée. Pour donner l'idée de la méchanceté, je vais représenter quelque chose qui ait l'air méchant, un animal furieux, un serpent en colère, si tu veux.

« Cette manière de figurer les choses qu'on ne peut peindre aux yeux, en présentant un objet ou un être qui en rappelle l'idée, s'appelle une *allégorie*.

— Je comprends, mon père. Ainsi, pour figurer la douceur, je pourrais dessiner un agneau on une colombe, et mon dessin serait une allégorie?

—Parfaitement, mon fils. Et si tu voulais figurer le printemps, qui est une saison de l'année, comment ferais-tu? Raisonnons un peu. Le printemps est la première saison de l'année; celle où les feuilles, toutes petites encore, commencent à s'ouvrir; où les premières fleurs se montrent, où les oiseaux font leurs nids. Mais une saison n'est point une chose matérielle, c'est un espace de temps. Comment donc la représenter? Comment? Nous en donnerons l'idée en dessinant des choses jeunes, fraîches, jolies. Par exemple : un enfant souriant et joyeux, avec une grande corbeille remplie de fleurs autour desquelles voltigent des papillons. Ce petit enfant, au premier âge de la vie, représentera la première saison de l'année; il sera l'allégorie du printemps, que rappelleront, en outre, les fleurs de la corbeille.

« Maintenant, figure toi-même l'hiver, qui est la dernière et la plus triste saison de l'année. L'hiver, on est frileux, on se couvre de vêtements épais, on tend ses mains au feu pour se réchauffer. Les vieillards surtout, plus sensibles au froid que les personnes jeunes, se tiennent au coin de la cheminée....

— Ah! je sais, m'écriai-je guidé par le conte de ma nourrice; un vieillard tout transi de froid, sous un grand manteau couvert de neige, et se chauffant les mains sur un brasier, ce vieillard sera l'allégorie de la dernière saison de l'année. Nous l'appellerons : le *bonhomme l'Hiver*.

— C'est parfait, mon enfant. — Il y a ainsi, continua mon père, une foule d'allégories dans les livres et les tableaux. Les fables ne sont pas autre chose; les religions anciennes en sont remplies. L'allégorie a été le langage de tous les peuples qui commencent. Il en reste encore beaucoup dans nos poésies, et même dans notre esprit, sans que nous y fassions attention, surtout quand nous sommes enfants. Quelques-unes ont beaucoup de charme; cependant il y a toujours danger à ne pas prendre les notions exactes des choses. Il faut, à mesure que l'on grandit, apprendre à distinguer le faux, source de tous les maux qui affligent l'humanité, du vrai qui, seul, peut nous rendre plus justes et meilleurs. »

L'AUBE ET L'AURORE.

La nuit avait été sombre au dehors, dans la campagne déserte, et triste dans la chambre où la jeune mère veille au chevet de son jeune enfant. Une fièvre brûlante l'agite depuis quelques heures. Est-ce un effet de la croissance? Est-ce le début d'une maladie sérieuse? La tendre mère, le cœur rempli d'angoisse, n'a pas clos l'œil depuis hier au soir, et son âme s'est élevée vers Dieu, pour puiser dans cette grande pensée la force dont elle a besoin.

Mais voilà que l'enfant vient de s'endormir; son front se rafraîchit, la fièvre semble diminuer; un doux calme succède à l'agitation. La mère enfin respire.... Quelle heure est-il?...

Elle va sur la pointe du pied entr'ouvrir les rideaux : il n'est plus nuit, mais il n'est pas encore jour. Une lueur blanche s'est répandue dans le ciel, plus vive du côté de l'orient. Les étoiles, si brillantes il y a une heure, pâlissent, s'effacent, on dirait qu'elles s'éteignent l'une après l'autre, comme des lampes de nuit qu'on souffle le matin. Les plus grandes brillent les dernières, mais elles vont disparaître à leur tour. Bientôt la lumière plus vive du jour empêchera de distinguer la clarté plus faible des étoiles. A l'horizon, le profil des collines se dessine en gris sombre sur le ciel. Peu à peu la terre aussi s'éclaire, on distingue les arbres, les champs, les chemins. On aperçoit d'abord la masse des objets, puis leurs contours, puis leurs couleurs. Les arbres paraissaient gris : on commence à voir qu'ils sont verts. Les prairies, au-dessus desquelles flotte une brume blanche, se couvrent de rosée. L'eau tranquille de la rivière reflète la blancheur du ciel : c'est l'*aube*, c'est le premier réveil du jour.

D'où vient cette pâle lumière?

Elle vient du soleil qui, avant de se montrer, répand déjà sa clarté dans l'espace. Cette clarté du soleil nous éclaire graduellement à cette heure; comme, le soir, elle s'éloigne aussi de nous par degrés, et nous éclaire longtemps encore après que l'astre a disparu.

La douce lueur du jour qui finit se nomme *crépuscule*, ou clarté voilée; et la lueur plus douce du jour qui commence, s'appelle l'*aube* ou *clarté blanche*.

C'est l'heure où les pâtres font sortir leurs troupeaux des étables. On commence à les voir passer par les sentiers, et se disperser dans les plaines ou sur les collines. Les laboureurs sortent de leurs maisons et se rendent aux champs. Les oiseaux s'éveillent, et lancent quelques fines roulades, qui sont comme le prélude de leurs premiers chants. L'alouette s'élève des sillons, et monte dans les airs, en chantant sa petite chanson joyeuse au-dessus de nos têtes. Peu à peu, du côté de l'orient, la lueur du soleil rougit les nuages légers qui passent tout en haut. Ils deviennent roses, puis couleur de feu.

La jeune mère, charmée et rafraîchie par le spectacle ravissant de l'aube, s'en détourne pourtant, et se rapproche sans bruit du cher enfant.... Il dort toujours. Son doux visage est rose, ses yeux sont bien clos, sa bouche à demi entr'ouverte laisse passer son haleine régulière et pure.

« Ce ne sera rien ! » pense la mère en joignant ses deux mains avec un transport muet. « Je puis dormir. »

Mais la nature attire la jeune femme. Au lieu de dormir, elle retourne vers la fenêtre : la lumière a augmenté. A l'horizon, des vapeurs brillantes et comme embrasées, indiquent la place où le soleil va bientôt paraître. Le ciel semble s'enflammer à cet endroit. Les champs, les arbres, s'éclairent vivement des reflets roses du ciel. C'est l'heure brillante, le moment solennel qui précède le grand jour : c'est l'*aurore !*

Tout à coup, apparaît au bord de l'horizon un point lumineux, ardent, qui rapidement s'agrandit, s'élargit.... Voici le soleil ! Son globe immense se dégage et monte à vue d'œil, semblable à un globe de fer rougi à la fournaise. Ses premiers rayons éblouissent les yeux. Ils glissent d'abord sur la surface de la terre, éclairant le sommet des collines et la cime des hauts peupliers. Devant l'astre éclatant toute créature abaisse ses regards : tenter de le regarder en face serait s'exposer à perdre la vue.

Si le soleil éclaire, il réchauffe aussi. Déjà une douce chaleur se répand sur les contrées où passent ses rayons bienfaisants. La rosée des prés s'évapore; les nuages semblent fondre et disparaître. Les oiseaux voltigent de branche en branche, jouent, se poursuivent avec des cris joyeux. Les feuilles des arbres se redressent, les fleurs s'ouvrent, tout ce qui dormait se réveille. Une légère fumée bleuâtre s'élève des cheminées du village. Tout en haut de la côte, un petit berger, assis sur une pierre, chante à pleine voix une chanson rustique qui charme son troupeau. Tout est riant, tout est joyeux au réveil d'une belle journée.

Devant ce radieux spectacle, l'âme de la jeune mère, remplie d'admiration, s'élève vers le ciel. Sa prière est muette pour l'oreille, mais le père de la nature et des hommes l'entend et la recueille[1]. — « Maman !.. » dit tout à coup une petite voix fraîche et reposée. La mère s'élance, saisit dans ses bras l'enfant qui l'enlace des siens. — « Maman, petite mère, je suis guéri, et je t'aime ! »

Ainsi souvent, chers petits, un léger mal vous vient avec la nuit, et s'en va quand paraît l'aurore.

Mais ce qui demeure et ne varie point, c'est le retour du jour après la nuit ; et, à toute heure du jour ou de la nuit, l'amour de votre mère.

———

MIDI.

Enfants, n'allez pas à cette heure voir si les blés mûrissent, s'il y a des bleuets dans les sillons et des papillons dans les champs ; ou si la fontaine du bord du chemin n'est pas encore tarie....

C'est l'heure de midi ; l'éclat du jour éblouit les yeux. Voyez, le soleil est tout en haut du

1. Voir le *Manuel*.

ciel, les murs ne donnent presque plus d'ombre. On se fatigue à marcher tant la chaleur est accablante. Un coup de soleil au visage ou sur la tête, pourrait vous rendre malades.

C'est l'heure du repos pour les moissonneurs dans les champs, pour les faucheurs dans les prairies. Ils dorment en ce moment, étendus sous l'ombrage de quelque arbre, ou au pied des meules de foin qu'ils ont entassées. Les bœufs, les moutons, ruminent ou dorment couchés dans l'herbe. Le ciel est tout bleu et sans nuage. L'air est desséchant, on n'y sent pas un souffle; à la plus haute branche des peupliers les feuilles restent immobiles. Les oiseaux se sont retirés dans les bois et se taisent; les insectes se sont mis à l'abri sous les feuilles, et la cigale seule se fait entendre. Les fleurs s'inclinent, l'herbe est altérée. Tout semble comme fatigué et endormi.

Où trouver un peu de fraîcheur? Entrons dans le bois, enfants; cherchons l'endroit le plus épais, où la chaleur brûlante ne pénètre qu'à demi, où l'on n'aperçoit du soleil que quelques rayons se glissant entre les branches, et faisant sur la mousse et sur le tronc des arbres, de jolies petites taches de lumière qui dansent, et suivent gracieusement les mouvements du feuillage.

Mais tandis que nous nous reposons à l'ombre, la nature, elle, ne se repose pas, et la chaleur continue de travailler pour nous, avec sa sœur la lumière.

La chaleur et la lumière ! ce sont elles qui jaunissent nos moissons, qui colorent nos fleurs, qui mûrissent la chair de nos fruits, et transforment peu à peu leur séve âcre et verte, en un jus parfumé, délicieux et rafraîchissant.

Les heures du jour sont celles du plus grand travail de la nature. Puis viennent le soir et la nuit, heures précieuses aussi, car elles procurent le repos après le travail, et le renouvellement des forces pour une nouvelle journée.

LA DÉCOUVERTE DE LA HOUILLE.

(Légende.)

Il y avait autrefois en Belgique, près de Liége, un pauvre forgeron nommé Houilloz, qui habitait, avec sa femme et ses enfants, une petite maison délabrée, isolée, tout à l'extrémité du village.

Un soir d'hiver, il faisait froid et sombre; la pluie tombait, le vent secouait la porte mal jointe. Il était tard, et pourtant le forgeron travaillait encore. L'aîné des enfants tirait le soufflet; le père, armé d'une longue barre de fer, attisait le feu de sa forge qui, dans ce temps-là, était entretenu avec du charbon de bois. La flamme répandait sa lueur rouge sur les marteaux, les pinces, les grands outils de fer rangés le long du mur. On entrevoyait dans l'ombre de vieilles ferrailles entassées dans les coins. Puis le père retirait du feu le fer brûlant, il le frappait à grands coups sur son enclume, les étincelles jaillissaient, et toute la boutique était subitement éclairée. Il frappait fort, le brave forgeron, mais il ne chantait pas en travaillant, comme on le fait quand on a le cœur joyeux, et qu'on prend plaisir à sa tâche. Lorsqu'il avait fini de frapper, il s'essuyait le front en soupirant.

Tout à coup, il entend au dehors le pas d'un cheval; on frappe à la porte :

« Holà ! maître forgeron ! »

Il ouvre.

C'est un voyageur tout trempé par la pluie, enveloppé dans un long manteau, et monté sur un beau cheval noir.

« Bonsoir, brave homme, dit le voyageur, veux-tu ferrer mon cheval? Il vient de perdre un de ses fers.

— Volontiers, répondit le forgeron.

— Eh bien, hâte-toi, car je suis pressé; là où je vais, il faut que j'arrive avant demain matin. »

Le forgeron fait entrer le voyageur, et attache le cheval; il choisit un fer à la mesure du pied, le chauffe, l'ajuste avec diligence. Et tout en travaillant, il jette un coup d'œil sur le voyageur.

C'était un homme grand, maigre et pâle, avec des cheveux noirs et une barbe noire. Il se réchauffait les mains au feu de la forge, et d'un air préoccupé, regardait la flamme sans rien dire.

Le fer est forgé, dressé, ajusté, puis fixé au sabot du cheval à l'aide de clous prestement enfoncés dans la corne. Jamais on ne vit travail fait en moins de temps, d'une manière plus solide, plus propre, et plus adroite. Le voyageur en parut émerveillé.

« Voilà un ouvrage habilement fait, dit-il ; tu es un maître ouvrier. »

Et il tendit à l'homme une pièce d'or.

— Je n'ai pas de quoi vous rendre, dit le pauvre forgeron, tout confus de sa misère.

— L'ouvrage ne va donc pas ici ? demanda l'inconnu ; car un travailleur tel que toi devrait être plus riche que tu ne sembles l'être, ajouta-t-il en regardant autour de lui.

— Ce n'est pas l'ouvrage qui manque, répondit le forgeron, c'est le charbon qui coûte horriblement cher ! Tout ce que nous gagnons en travaillant presque jour et nuit, s'en va pour acheter du charbon. Tenez, monsieur, dit-il en montrant près de la forge une petite provision de charbon de bois, voilà ce qui nous ruine. Et encore le charbonnier nous a dit la semaine dernière qu'il n'y aura bientôt plus de bois dans les forêts, et que le prix du charbon montera encore. S'il monte en effet, qu'allons-nous devenir ! Autrefois, quand le charbon coûtait un prix raisonnable, nous n'étions pas riches ; mais en travaillant bien, on pouvait encore se tirer d'affaire. A présent, nous n'aurons plus qu'à aller tendre la main. »

Et le pauvre homme se désolait.

L'étranger ne répondit rien d'abord; il prit son cheval par la bride et sauta lestement en selle. La pluie avait cessé, la nuit était sombre et froide. Le voyageur s'enveloppa de son grand manteau, et se tournant vers le forgeron : « Brave homme, dit-il, tu m'as rendu service, je veux te rendre service à mon tour. Demain matin, à ton lever, prends une pioche, va-t-en là-haut (et il étendait son bras dans la direction d'une colline qu'on ne pouvait pas voir à cause de la nuit, mais qu'il paraissait bien connaître) : tu graviras cette colline, et prenant le sentier de gauche, tu marcheras jusqu'à ce que tu aperçoives une grande roche aiguë, noire, marquée de taches couleur de rouille. Arrête-toi là, et creuse la terre. Ce que tu trouveras ne te coûtera que la peine de le prendre, et chauffera mieux ta forge que le charbon de bois que tu payes si cher. »

En finissant ces paroles, le voyageur lance son cheval qui part au galop en faisant jaillir des étincelles, et tous deux disparaissent dans l'obscurité de la nuit.

Le forgeron resta tout interdit, presque effrayé; il rentra à sa forge, ferma sa porte, et demeura songeur toute la soirée. De la nuit il ne put dormir; il pensait toujours au grand homme pâle, monté sur son cheval noir, aux singulières choses qu'il lui avait dites; et il se demandait qui cet homme pouvait être?

Le lendemain, dès le petit jour, il mit une pioche et une bêche sur son épaule, s'en alla sur la colline, et prit le sentier à gauche. Bientôt il rencontra la roche aiguë, noire, marquée de taches couleur de rouille. Il se mit à creuser au pied de cette roche, et lorsqu'il eut fait un trou d'environ un mètre de profondeur, il découvrit une sorte de pierre noire, luisante, qui se brisait facilement sous le choc de sa pioche. Il en rapporta quelques morceaux à la maison, et se hâta de les mettre dans le feu de la forge. O surprise ! cette pierre noire s'allume aussitôt, et produit une grande flamme avec une épaisse fumée. Un morceau de fer plongé dans ce feu, chauffe et rougit en un instant.

Cette *pierre*, que personne ne connaissait alors, et que vous connaissez bien, vous, mes enfants, c'était ce qu'on appelle : du charbon de terre. On lui donna le nom de *houille*, à cause, dit-on, du forgeron *Houilloz*, qui, le premier, en fit usage.

Je vous laisse à penser l'étonnement, la joie

du pauvre forgeron ! Cette pierre qui ne lui coûtait que la peine de l'aller prendre, et qui remplaçait le charbon de bois si ruineux, c'était la fortune pour le brave père de famille !

Bientôt le bruit de cette découverte se répandit dans le pays, et chacun alla prendre à son tour du charbon de Houilloz. Non-seulement ce *combustible minéral* servit désormais aux forgerons, mais on l'employa au chauffage des appartements, et à toutes les industries où il peut remplacer le charbon de bois. On en tira même beaucoup d'autres choses belles et utiles, dont nous vous parlerons un jour. Quant à l'étranger qui avait révélé ce trésor, c'était sans doute un savant qui, en ne disant pas même son nom, montra qu'il tenait moins à sa propre gloire qu'au bonheur de ses semblables.

Voilà, mes enfants, comment on raconte, au pays de Belgique, la découverte de la houille. C'est une tradition, une légende. Est-elle vraie? est-elle fausse? Nous n'en savons rien. Mais le fait est-il possible? Toutes les circonstances de ce récit peuvent-elles s'expliquer? Voilà la question que nous vous laissons à décider. Réfléchissez, parlez-en avec vos petits amis. Ceci n'est pas au-dessus de votre âge. Soyez donc juges vous-mêmes, à la condition, toutefois, que vous vous rendrez compte des motifs de votre jugement.

CURIEUX VOYAGES DES GOUTTES D'EAU.

I

Diamants dans l'herbe (la rosée).

Par un beau matin de printemps, Raymond et Louise cueillaient des primevères dans une prairie. Ils étaient accompagnés de leur petite sœur Rosine qui folâtrait autour d'eux.

En passant le long du ruisseau, Rosine aperçut pour la première fois de sa vie des gouttes de rosée répandues sur une feuille.

« Oh ! dit-elle surprise et ravie d'admiration, sont-ils heureux, les arbres, d'avoir de si jolies perles ! »

Elles étaient bien jolies en effet, ces petites sphères liquides, mieux arrondies que des perles, et plus transparentes que le cristal reflétant les rayons du soleil.

« Hausse-moi un peu, Raymond, reprit Rosine, je vais casser la branche, et nous les emporterons.

— C'est cela, reprit en riant Louise qui sans

Gouttes de rosée.

doute préférait cueillir des primevères ; mais, de crainte de les faner, ne les prenons que lorsque nous aurons fini de cueillir nos fleurs.

— Tu as raison, » dit la petite sœur.

Et les trois enfants continuèrent leur chemin.

Comme c'était le matin, l'air était frais, l'herbe humide ; mais à mesure que le soleil semblait monter dans le ciel, la chaleur devenait plus vive, l'air plus sec. Un vent tiède passa sur la prairie; alors la rosée s'évapora, et quand les enfants revinrent de ce côté, les gouttes d'eau avaient disparu.

« Oh! dit Rosine toute désappointée, qui donc est venu prendre nos charmantes petites perles ?

— Tu as bien vu que personne n'est entré dans la prairie, observa Louise.

— Peut-être se sont-elles envolées avec les oiseaux, ajouta Raymond en plaisantant.

— Peut-être le vent les a-t-il fait tomber? reprit la petite Rosine. Cherchons dans l'herbe....

— Tu ne trouveras rien, chère enfant, dit derrière eux leur mère qui venait les chercher. Tes perles ne sont pas détruites, parce que rien ne se détruit de ce qui existe dans l'univers; mais tout se meut, change et se transforme. Et toi, Raymond, en faisant une plaisanterie, tu ne savais peut-être pas être si près de la vérité. Les jolies gouttes d'eau que vous avez vues briller sur les branches, ont monté dans l'espace comme l'oiseau qui s'envole; et elles sont parties pour de lointains voyages. Elles s'en vont à cette heure par les airs et par les rochers, par terre et par mer, par montagnes et ravins, par plaines et vallées; jour et nuit, hiver comme été, dans l'ombre et dans la lumière, par le chaud et par le froid, en haut et en bas, tantôt plus rapides que l'oiseau, tantôt plus lentes que la limace. Voulez-vous savoir comment elles voyagent par le monde? connaître leurs surprenantes aventures?

— Oui, dit Raymond, car je suis très-curieux de connaître quelles aventures peuvent courir des gouttes d'eau.

— Alors asseyons-nous, car je vous préviens que l'histoire en sera longue.

— Tant mieux! » s'écrièrent les enfants.

Tous les quatre s'assirent sur un talus de gazon, et la mère raconta à ses enfants les choses que nous allons vous dire.

II

Où sont-elles allées ? (brume).

Où donc êtes-vous allées, petites gouttelettes qui, tout à l'heure, brilliez comme des perles dans la prairie? » Ici et là, elles flottent dans l'air, autour de nous, divisées et invisibles.

Les perles liquides sont devenues des vapeurs légères, et l'air tiède les a emportées avec toutes celles qui s'étaient formées à la surface des champs.

A mesure que la chaleur augmente, on voit, en s'inclinant, ces vapeurs s'élever des sillons comme une transpiration de la terre. Ainsi, du sol humide, des rivières et des lacs, des prairies et des bois, de chaque feuille d'arbre, de chaque brin d'herbe, elles transpirent, et montent dans l'air.

Mais quand le soir vient, la chaleur diminue; on voit se former à l'horizon une brume qui bientôt voile les lointains. Ce sont les vapeurs qui, invisibles, s'élevaient de la terre sous la chaleur du jour. Saisies par la fraîcheur du soir, elles se condensent, redeviennent visibles; mais, encore translucides, elles forment le brouillard grisâtre.

Nos gouttes d'eau sont là, mêlées à la masse brumeuse. A l'occident, où le soleil couchant paraît rouge comme un charbon enflammé, les vapeurs qu'il entraîne semblent embrasées. Après qu'il aura disparu, ces brouillards légers, ces jolis nuages suspendus là-haut, deviendront successivement dorés, puis roses, puis violets. Eh bien, ces charmantes couleurs, ce sont nos gouttes d'eau, et leurs milliards de sœurs, qui les renvoient à nos yeux, comme, à l'état de rosée, elles nous renvoyaient les rayons du soleil.

III

Les voyageuses aériennes (les nuages).

Ah ! qu'on est bien sous l'abri d'un bon toit, le soir, quand le temps est froid et humide, quand le vent souffle au dehors !... On l'entend gronder dans le tuyau de la cheminée : *hou ! hou !* — siffler entre les joints de la porte : *ssss ! ssss !* — soulever les ardoises du toit : *clic ! clac !* — Si on s'approche de la fenêtre, on voit les feuilles des arbres agitées, les rameaux qui ploient et semblent s'entre-battre. Au ciel, de gros nuages gris et lourds passent au-dessus de nos têtes, tous courant du même côté, comme si chacun d'eux voulait arriver le premier.

C'est le vent qui les chasse et les précipite

ainsi. Quand le vent s'élance, il déchire les brouillards, les entraîne par lambeaux énormes, les roule, les entasse ; les brouillards se transforment en nuages épais et sombres, ou légers et floconneux, suivant le temps. Souvent, les nuages de plus en plus condensés par le froid, redeviennent des gouttelettes, et retombent en pluie sur les campagnes ; de sorte que l'eau qui s'était élevée de la terre, retourne directement à la terre.

Mais d'autres fois les vapeurs restent longtemps flottantes dans les airs sous forme de nuages errants. Alors, passent là-haut nos gouttes d'eau voyageuses. Elles sont dans ces nuages gris que le vent emporte. Elles passent, sans s'arrêter, par-dessus les champs et les villes, les collines et les forêts, par-dessus les vastes contrées, et les vastes mers ; de jour, de nuit, lentes si le vent est faible, plus rapides que l'oiseau si la tempête souffle. Qui pourrait les arrêter, les gouttes d'eau ? qui pourrait faire obstacle à ces légères voyageuses des airs ?

IV

Le réservoir des eaux (les neiges).

Quel plaisir si nous pouvions suivre les gouttes d'eau à travers l'étendue ! Imaginez-vous
que nous planons là-haut, dans les nuages ; que
nous voyons au-dessous de nous les cimes des
grands arbres, les toits et les clochers. Voici
une ville ; elle est grande, et pourtant déjà on ne
l'aperçoit plus. Voici une contrée, — une autre,
— puis une autre encore. Mais que voyons-nous
là-bas, dans le lointain ? C'est une chaîne de
montagnes. Leurs cimes toutes blanches de
neige dépassent les nuages. Ah ! qu'il fait froid
sur ces sommets ! Les nuages, poussés par le
vent, approchent, approchent, et vont se heur-
ter contre la chaîne. Ils environnent comme
un brouillard épais les flancs des montagnes,
se brisent contre leurs pentes, et s'élèvent en
tourbillonnant, comme un nuage de poussière
lancé contre un mur.

Alors les vapeurs humides se trouvent saisies
par le froid des hauteurs, et le nuage se transforme non plus en gouttes d'eau, mais en par-

celles de glace. Ce n'est pas de la pluie qui tombe, c'est de la neige qui voltige, tourbillonne au vent, retombe et s'entasse sans bruit, comme dans nos champs, l'hiver.

Les nuages entourant les sommets.

Petites gouttes de rosée, vous voilà maintenant devenues blancs flocons de neige. Quand vous étiez *liquides*, vous pouviez couler sur la terre ; quand vous étiez *vapeur*, vous voyagiez dans les airs ; maintenant vous voilà *solides*, restez en place. Si vous êtes sur le sommet d'une montagne, vous y êtes pour longtemps; vous y passerez l'hiver, plusieurs hivers peut-être; puis vous serez délivrées par le soleil. Jusque-là donc, adieu, petites gouttelettes de rosée, devenues petits flocons de neige blanche.

Ainsi les nuages viennent de loin se transformer en neige sur les montagnes. Par-dessus la neige déjà tombée, d'autre neige tombe pendant la saison froide. Les sommets et les pentes en sont couverts. Cette neige s'entasse et durcit; et tout cela c'est de l'eau, mais de l'eau à l'état solide. Elle ne peut plus couler ni s'enfuir; le froid l'a enchaînée; elle est là, retenue, gardée comme en réserve pour l'été.

Car l'été les pluies sont rares. Au moment des grandes chaleurs les sources et les ruisseaux tarissent; les rivières baissent et paraissent vouloir se dessécher; la terre est altérée et durcie. Qui arrosera les plaines et les vallées? Qui donnera à boire aux plantes des champs, aux herbes des prairies? Qui rafraîchira l'air devenu sec et brûlant? Qui lui rendra de nouvelles vapeurs humides?

Qui? Ce seront nos gouttes d'eau et leurs innombrables sœurs, que le froid avait retenues à l'état de neiges sur les montagnes, et que la chaleur retransformera en eau liquide. Toute cette eau précieuse gardée en réserve s'écoulera, formera des torrents qui se déverseront dans les cours d'eau, et les empêcheront de tarir, parfois même les feront déborder. Les vallées et les plaines que traversent ces cours d'eau, se trouveront arrosées; et les agriculteurs intelligents feront dériver l'eau par de petits canaux creusés à travers les prairies, pour la répandre partout où il en sera besoin. La vapeur de ces eaux rafraîchira l'air; les racines des arbres seront abreuvées, l'herbe restera verte et fraîche. Et tous ces bienfaits sont dus à l'admirable économie de la nàture, dans laquelle les montagnes sont les réservoirs des eaux.

<hr>

V

L'écroulement (l'avalanche).

L'été est venu; la neige a déjà fondu sur les flancs de la montagne; mais les cimes en sont encore toutes couvertes. Le beau soleil brille;

les sommets paraissent d'un blanc éblouis-
sant. Les torrents coulent à grand bruit au
fond des ravins. Alors les bergers gravissent
les sentiers, ou passent les torrents sur de
frêles ponts de bois. Maintenant que les pâtu-
rages ne sont plus couverts de neige, les bergers joyeux y conduisent leurs troupeaux en
chantant; les chèvres grimpent aux rochers que
les vaches gravissent lentement, en faisant son-
ner à chaque pas les petites clochettes suspen-
dues à leur cou.

Tout à coup on entend un bruit terrible,
comme un grondement de tonnerre. Qu'est-ce
donc? Voyez là-haut : c'est l'avalanche! La
neige se détache sur une vaste étendue, glisse,
et roule sur la pente. C'est une masse énorme
qui s'écroule avec un grand bruit. En roulant
elle écrase les chaumières, arrache les arbres,
entraîne des blocs de rochers. C'est comme
une tempête furieuse. La neige réduite en poussière vole, et tourbillonne au loin. L'avalanche,
roulant toujours, se précipite au fond d'un ravin; on dirait que toute une montagne s'écroule
à la fois. Ah! si quelque voyageur passait en
bas, comme il serait broyé, enseveli! Cela est
arrivé souvent. Mais pour cette fois, rassu-

rons-nous, c'est sur un glacier que l'avalanche s'est abattue.

Sans doute quelques-unes de nos gouttes d'eau sont là, dans cette avalanche; et elles ont été entraînées sur le glacier, avec toute la masse neigeuse que nous avons vue s'écrouler des hauteurs.

VI

Un fleuve de glace (le glacier).

Maintenant, l'avalanche est entassée dans la coulée du glacier, avec beaucoup d'autres tombées des sommets voisins. Peu à peu toute cette neige devient si dure, que bientôt elle ne forme plus qu'une glace compacte, transparente, demi-bleue, remplissant le fond de la coulée, comme l'eau d'un fleuve remplit son lit. Un glacier, c'est pour ainsi dire un fleuve de glace.

Et le croiriez-vous? ce fleuve coule. Il ne coule pas comme les eaux liquides : il glisse insensiblement, selon la pente du ravin qui lui sert de lit. On ne le voit pas se déplacer, mais il avance pourtant. Chacune de nos gouttes de rosée est devenue une parcelle de cette glace dure et transparente. Elle voyage encore…. mais ce n'est plus comme lorsqu'elle passait dans les airs, poussée par le vent rapide. Confondue dans le glacier, elle avance à peine de quelques centimètres par jour, et il existe des glaciers qui ont plusieurs lieues de longueur. Jugez si ces gouttes de rosée ont lieu de prendre patience !

VII

En liberté ! (le torrent).

Le glacier, avons-nous dit, est un fleuve de glace. Pourtant, n'allez pas croire que sa surface soit lisse et plane comme la surface d'un étang ou d'une rivière. Non ; la surface d'un glacier est inégale, raboteuse, hérissée de pointes ; et semée, par endroits, des pierres et des fragments de rochers que les avalanches ont entraînés avec elles.

En d'autres endroits du glacier il s'est formé de larges fentes, des crevasses profondes, des trous béants. En se penchant au bord de ces fentes on entend le bruit de petits ruisselets qui coulent au fond ; car à mesure que la glace descend en suivant l'inclinaison de la coulée, elle trouve un air plus chaud, et elle fond d'autant plus qu'elle s'approche plus de la vallée. C'est l'eau de cette glace fondue qui coule en petits ruisselets au fond des trous et des fentes. Bientôt ces ruisselets dirigés vers un même point par les pentes du rocher, se réunissent et forment un torrent. Le torrent s'échappe enfin du glacier, et bondit de ravins en ravins jusqu'au fond de la vallée.

Si vous voyiez comme elle s'enfuit rapidement, cette eau qui, à l'état de glace, avançait si lentement ! Figurez-vous être sur un de ces petits ponts qui servent à traverser les torrents : vous vous penchez.... Au-dessous de vous, au fond du ravin, à une profondeur effrayante, vous apercevez l'eau qui se précipite, blanchit, écume. La tête tourne à voir cette eau fuir et gronder sans cesse. Eh bien, peut-être à ce moment une de nos gouttes de rosée passe rapide comme une flèche. Petite parcelle de glace, elle a fondu avec la masse dont elle faisait partie. La voilà redevenue liquide et rendue à la liberté !

Elle a fui par les ruisselets qui coulent du glacier, et maintenant la voilà dans le torrent ; elle
glisse, elle bondit, elle tournoie, elle s'élance

Le ravin et le torrent.

de chute en chute ; elle rejaillit en écume blanche. Le petit murmure que chaque goutte fait
entendre en se heurtant contre le rocher, mul-
tiplié par leur nombre incalculable, produit ce

grondement et ce fracas terribles, dont la grandeur nous étourdit.

Glisse, bondis, tournoie, écume et murmure, petite goutte de rosée ; nous te retrouverons là-bas au fond de la vallée verdoyante.

VIII

Les voyageuses souterraines (les cavernes).

Si l'on examine avec attention quelque gros bloc de rocher mis à découvert, on y remarque des fentes semblables aux lézardes des vieux murs. Ces fentes, ou fissures, se prolongent souvent très-loin dans l'intérieur. Les rochers qui forment le sous-sol de la terre, et la masse énorme des montagnes, sont ainsi traversés de fissures plus ou moins largement ouvertes, qui se croisent en tous sens. En certains pays, ce ne sont plus de simples fentes qui creusent les rochers ; ce sont des trous énormes, des souterrains plus vastes et plus profonds que les mines d'où l'on extrait le minerai. Mais le mines creusées par les hommes le sont avec une certaine régularité; on y trouve des puits verticaux, des galeries horizontales semblables à de longs corridors. Tandis que les souterrains naturels, au contraire, sont des trous obliques et irréguliers. On les appelle : des *cavernes*.

Imaginez-vous ces cavernes profondes, sombres, humides, où le moindre bruit retentit d'une façon extraordinaire, où la lumière du jour n'a jamais pénétré. Tantôt c'est comme un long couloir étroit ; tantôt ce sont des salles plus grandes que les plus grandes nefs de nos églises ! Souvent, pour passer d'une salle dans l'autre, il faut se glisser à quatre pieds, à travers d'étroits soupiraux. Quand les voyageurs descendent avec des flambeaux dans ces cavernes, qui ont quelquefois plusieurs lieues de longueur, ils y trouvent, comme sur la terre, des sources qui sortent des rochers, des ruisseaux qui coulent en murmurant, des rivières, des lacs, parfois même des torrents qui se précipitent avec un bruit terrible. Quoi? direz-vous, des rivières et des lacs sous terre !

Oui, mes enfants, cela est certain. Un jour nous ferons ensemble une promenade dans ces

Caverne et lac souterrain.

noires profondeurs, et nous y observerons des choses étonnantes et admirables! Tous les rochers ne renferment pas de cavernes; mais tous ont des fissures, par lesquelles de petits filets d'eau s'infiltrent, circulent, descendent, et forment des ruisselets souterrains.

Tandis qu'un torrent descendait d'une montagne en bondissant, quelqu'une de nos gouttes de rosée, mêlée à ses eaux tumultueuses, a passé devant une fissure de rocher. Elle y a pénétré avec un grand nombre d'autres gouttes d'eau, et la voilà parcourant à l'intérieur de la montagne un chemin si noir, et si embrouillé qu'il nous serait impossible de la suivre. La retrouverons-nous jamais, cette goutte de rosée? Que va-t-elle devenir maintenant qu'elle voyage dans les ténèbres? Va-t-elle donc pénétrer dans quelque caverne d'où elle ne remontera jamais? Coulera-t-elle dans quelque rivière souterraine? Ira-t-elle dormir pendant des siècles dans quelque lac ignoré? Car il y a des gouttes d'eau qui font dans le sein de la terre des voyages bien longs, et auxquelles il arrive des aventures plus singulières encore.

IX

Le feu sous la terre. (Eaux thermales et minérales.)

— Êtes vous curieux de connaître ces aventures, chers amis? Eh bien, sachez tout d'abord que plus on descend profondément sous la terre, plus on sent qu'il y fait chaud. Ainsi, les ouvriers qui travaillent dans les mines ont un air tiède au fond des puits, même quand l'hiver est à l'ouverture. Si on descend plus bas encore, la chaleur est encore plus grande. A une très-grande profondeur le rocher est brûlant comme l'intérieur d'un four. S'il y a des cavernes à cette profondeur, il est impossible d'y descendre : on serait étouffé, réduit en charbon avant d'y être arrivé. Aussi personne n'y est allé. — Mais alors, direz-vous, comment sait-on la chaleur qu'il y fait? — Patience, chers enfants, cela va vous être expliqué. Pour le moment, rappelez-vous seulement, quoique cette chose vous paraisse extraordinaire, qu'il y a dans l'intérieur de la terre, à une grande profondeur, une chaleur très-

forte, et qui va toujours en augmentant à mesure qu'on s'approche du centre du globe. Rappelez-vous aussi qu'il y a des eaux qui s'infiltrent par les fentes des rochers, et qui, descendant de plus en plus, finissent par arriver à ces
profondeurs où les roches sont brûlantes; que
les eaux, en filtrant à travers ces roches, s'y
échauffent à leur tour; deviennent bouillantes,
se réduisent en vapeur; et s'il arrive, par des
causes qui vous seront expliquées plus tard,
que ces eaux, après être descendues si bas, remontent par d'autres fissures jusqu'à la surface
du sol, elles en jaillissent encore tièdes, chaudes ou bouillantes.

En beaucoup de pays, surtout aux environs
des volcans, il y a ainsi des sources d'eau
bouillonnante, qui lancent des jets de vapeur;
comme vous voyez dans une marmite l'eau
monter à gros bouillons, et la vapeur s'échapper
de dessous le couvercle. Il n'est donc pas nécessaire d'aller nous-mêmes dans les profondeurs de la terre pour être certains qu'il s'y
trouve un foyer de chaleur: voilà des eaux qui
y sont descendues, et qui en remontent toutes brûlantes comme pour nous dire: Tou-

chez-moi, et voyez s'il fait chaud dans les profondeurs d'où je viens !

Les eaux qui jaillissent ainsi de la terre en formant des sources bouillonnantes ou tièdes sont appelées : eaux *thermales*, mot qui signifie en grec: eaux chaudes.

Parfois aussi les eaux, dans leur voyage souterrain, rencontrent sur leur passage certaines matières minérales qui peuvent se dissoudre, ou se diviser à l'infini. Le filet d'eau pure qui les traverse en entraîne des parcelles, et en prend la saveur. Si cette matière minérale est du sel gemme, l'eau devient *salée*; si c'est du soufre, l'eau devient *sulfureuse*; si c'est du fer, elle devient *ferrugineuse*. Les eaux qui reviennent à la surface du sol, ainsi mêlées à certaines matières minérales, sont appelées : eaux *minérales*.

———

X

Retour à la surface (la fontaine et le ruisseau.)

Peut-être quelqu'une de nos gouttes de rosée, dans son voyage souterrain, est descendue profondément, s'est échauffée aux roches brûlantes, et est ressortie bouillante par une source thermale. Une autre a pu, en compagnie de ses nombreuses sœurs, traverser des matières minérales, les dissoudre ou en entraîner des parcelles, et remonter à la surface de la terre sous forme d'eau minérale. Mais il en est une autre à laquelle ceci n'est point arrivé. Elle a fait sans accident son voyage souterrain, et elle est ressortie par la fissure d'une colline, dans une petite vallée, à quelques lieues d'ici.

Réunie à des millions d'autres gouttes d'eau, elle reparaît à la lumière. Et nous aussi, qui étions descendus par la pensée dans les noires cavernes, jusque dans les profondeurs brûlantes, sortons de ces lieux sombres où l'on étouffe. — Respirons un peu. — Nous voici revenus au grand air, à la lumière. Nous revoyons les champs, les prés fleuris, la riante verdure : tout ce qui est vivant et nous rend joyeux.

Il y a dans cette vallée une fraîche fontaine.

Elle est au bas du coteau, sous l'ombre des grands ormes, au détour du sentier.

Le petit filet d'eau froide et pure, auquel se

trouve mêlée notre gouttelette, suinte par les fentes du rocher, et coule sans bruit, en caressant la pierre couverte de mousse humide qui entoure le creux où l'eau s'amasse. En se penchant sur le bord, on voit les branches des arbres se refléter dans l'eau de la fontaine, avec un coin du ciel bleu.

Puis du côté où la pierre de la fontaine s'abaisse, l'eau déborde, et s'écoule en formant un petit ruisselet qui fuit entre les cailloux, et descend vers la prairie.

Reposons-nous sous les grands arbres, auprès de la fontaine, et regardons l'eau couler. Le soleil est ardent, mais il fait frais à l'ombre. Si vous avez soif, creusez votre main en forme de coupe, et puisez à la source, ou trempez-y vos lèvres. — C'est ici que les femmes du hameau viennent, le soir, remplir leurs cruches; c'est ici que les laboureurs, revenant des champs, la bêche sur l'épaule, se rafraîchissent à la fontaine, et parfois s'asseyent auprès en s'essuyant le front.

A quelque distance, le filet d'eau se trouve retenu par des pierres rangées en travers de son chemin, pour l'obliger à former une petite mare qui sert de lavoir aux femmes des environs. Voici, au bord de cette mare, les grosses pierres unies sur lesquelles les femmes foulent et étreignent le linge. Quels services a déjà rendus aux hommes cette eau à peine sortie de terre! Le hameau tout entier lui doit, à cette source qui ne tarit jamais, la boisson, l'eau nécessaire à la préparation des aliments, et à la propreté! Comprenez-vous, maintenant, combien l'enfant étourdi qui s'aviserait de troubler ou de salir la source bienfaisante, ferait une mauvaise action!

« Goutte d'eau aventureuse qui, après être sortie du rocher, as formé cette jolie fontaine et cet utile lavoir, vas-tu te reposer ici sous l'ombrage fleuri et parfumé? Non, tu vas t'élancer pour un nouveau voyage. »

Hâtons-nous donc si nous voulons la suivre; disons vite adieu à la fontaine qui nous a rafraîchis; aux beaux arbres qui nous ont abrités, car l'eau murmurante et fugitive s'échappe du lavoir, et descendant toujours à travers le cresson et les hautes herbes qui bordent son lit, elle va rejoindre, ici près, un ruisseau plus large qui serpente dans la vallée.

Il n'est pas besoin de vous décrire ce joli ruisseau qui coule entre les saules; vous le

connaissez déjà. Vous savez quels services il
rend aux champs et aux prairies qu'il traverse;
vous savez que ses eaux arrosent les racines
des plantes qui bordent les rives, et leur four-
nissent l'humidité nécessaire à la végétation.
Mais tandis que nous suivons ces rives en descendant le cours de l'eau, une idée vous viendra peut-être, et vous inquiétera pour notre
petite goutte de rosée.... Si elle allait, au passage, être absorbée par les racines de quelque
plante? Ou si quelque animal ayant soif...?

Ah! que vois-je! Un troupeau de bœufs et de
vaches, conduit par le bouvier, vient boire au
ruisseau qui forme en cet endroit un abreu-
voir. Pauvre petite goutte d'eau, s'ils allaient
t'avaler!... Que deviendrais-tu alors?... Ou si
la bonne femme qui, ce matin, est venue puiser
de l'eau dans sa cruche, t'avait emportée pour
te mêler au vin des laboureurs...?

Ceci, mes enfants, est très-possible. Mais
cela forme une autre histoire, une autre série
d'aventures bien autrement surprenantes que
celles qui sont arrivées jusqu'ici à nos gouttes
de rosée. Si l'une d'elles vient à faire partie
d'un être vivant, à passer dans la séve d'un

arbre, ou dans le sang d'un animal, quelles admirables métamorphoses elle va subir!...

Nous n'aurons pas, pour le moment, à nous occuper de ces transformations, car j'ai le plaisir de vous annoncer que notre goutte d'eau continue sa course joyeuse, vers le joli étang qu'on aperçoit là-bas, au delà des peupliers.

XI

L'eau travailleuse (la rivière et le canal).

Le connaissez-vous, ce joli étang, avec les minces roseaux et les vieux saules ébranchés qui le bordent? Vous souvenez-vous de ces eaux tranquilles où l'on voit se refléter, comme dans un miroir, le ciel bleu et les nuages? A l'extrémité de l'étang est le moulin. Là, sous la *vanne* levée, l'eau se précipite, en grondant, à travers un étroit canal, et tombe sur les palettes de la grande roue. Oh! comme elle bondit, et blanchit, et tourbillonne dans le conduit noir et profond! Son courant, lancé avec violence, heurte les palettes, et entraîne et fait tourner avec un grand bruit la roue, qui semble tout en larmes.

Voilà l'eau devenue notre ouvrière ; elle travaille pour nous. Nous lui avons dit : « Fais tourner cette roue ; » et, obéissante, elle la fait tourner.

Et ce n'est pas seulement le moulin à farine que l'eau peut faire ainsi mouvoir : il y a de grandes fabriques où de nombreuses et fortes machines sont mises en mouvement par l'eau travailleuse. A l'aide de ces ingénieuses machines c'est l'eau qui broie, qui forge, qui file, qui tisse, qui lave, qui tricote des bas, fait de la dentelle ! L'eau pousse la machine, et l'homme les dirige toutes deux par sa science.

L'eau exécute bien d'autres travaux encore, vous le savez déjà. Active en même temps qu'errante, elle travaille en voyageant, elle voyage en travaillant.

Notre ruisseau suit le courant qui l'entraîne, et longue sera sa course à travers les villes et les campagnes. En descendant, comme d'étage en étage, vers le confluent où il se réunit à d'autres ruisseaux dans le lit de la rivière, il rencontrera d'autres moulins, puis d'autres encore.

Les rivières sont la beauté et en même temps la fortune des pays qu'elles traversent. Non-

Le halage.

seulement elles arrosent la terre et rafraîchissent l'air, mais mieux encore que les ruisseaux, elles font tourner en passant les roues des fabriques de toutes sortes, et elles portent des bateaux chargés de marchandises.

Les avez-vous vus passer sous l'arche des ponts, ces longs et larges bateaux plats, remplis de pommes, de pierres, de bois, de charbon? Ils flottent d'eux-mêmes, l'eau les porte, il ne s'agit plus que de les faire avancer. Pour cela, un ou deux chevaux marchant sur la rive, et conduits par un homme, les tirent au bout d'une longue corde. C'est ce qui s'appelle *haler*.

Le bateau et sa lourde charge avancent lentement il est vrai, mais avec une grande économie. Pour transporter une telle charge par voie de terre, sur les routes ordinaires, il eût fallu dix ou vingt grosses voitures, cinquante ou soixante chevaux, peut-être davantage; et le prix du transport s'en fût trouvé beaucoup plus élevé. Les *cours d'eau*, a dit un Français illustre, *sont des chemins qui marchent.*

Tandis que notre goutte d'eau descend lentement le cours de la rivière, nous suivons ses rives fleuries en regardant les bateaux, dont les uns descendent le courant et les autres le remontent. De distance en distance nous voyons des ponts, car il faut bien qu'on puisse passer à pied ou en voiture d'une rive à l'autre. Dans l'endroit de la rivière où nous voici, le lit autrefois n'était ni assez large ni assez profond pour que les gros bateaux y pussent naviguer, ce qui était très-gênant. Que fit-on? On creusa le lit de la rivière, et on l'élargit sur toute la longueur où il était insuffisant. C'était très-bien; mais alors, savez-vous ce qui arriva? C'est que la rivière n'avait plus assez d'eau pour remplir son lit agrandi de main d'homme, et que les bateaux ne pouvaient plus avancer du tout.

Voici comment on surmonta cette difficulté : on construisit à certains endroits de la rivière des digues, et de solides portes de bois, disposées en travers du courant. Ces digues et ces portes arrêtant l'eau, l'empêchèrent de s'écouler trop vite, et la retinrent dans le lit agrandi, comme la chaussée et la vanne retiennent l'eau dans l'étang du moulin. Le lit ainsi creusé et élargi forma ce qu'on appelle : un *canal*, et les portes de bois avec tout ce qui s'y rattache formèrent ce qu'on appelle : des *écluses*.

Voyez donc ce canal, en travers duquel deux énormes portes à deux battants, placées à peu de distance l'une de l'autre, barrent le passage à l'eau de la rivière.

Ces deux portes, c'est l'écluse. Quand l'écluse est fermée, elle maintient l'eau qu'elle arrête à un certain niveau. S'il arrive de l'eau en plus

L'écluse.

grande quantité que ce qui est nécessaire, le canal déborde par un déversoir semblable à celui de l'étang, mais plus grand.

Et si vous désirez savoir comment passent les bateaux, malgré ces grandes portes qui leur barrent le chemin, regardez : voici justement un bateau qui se présente. Les hommes chargés de la manœuvre lui ouvrent la première porte : le bateau entre, puis on referme la porte.

Mais pendant que la porte était ouverte, l'eau ne s'est-elle point écoulée?

Non! Pour qu'elle pût s'écouler il faudrait que les deux portes, placées à la suite l'une de l'autre, fussent ouvertes en même temps, et une seule a été ouverte. Alors, le bateau a franchi la première porte. A présent il faut lui ouvrir la seconde pour qu'il puisse continuer sa route. Mais d'abord on a la précaution de refermer derrière lui la première porte, et quand on lui ouvrira la seconde, il ne s'écoulera qu'une quantité insignifiante de l'eau contenue entre les deux portes.

Maintenant hâtons-nous, car le bateau a franchi l'écluse; et nous allons continuer de le suivre dans son voyage.

C'est une assez longue excursion que de descendre tout le cours d'une rivière. Mais pour nous qui en avons fait tant d'autres, qu'est-ce que cela! Il est bien entendu que nous avons suivi tous les détours qu'a dû parcourir notre goutte d'eau, et nous voici arrivés avec elle au confluent où la rivière, grossie de tous les ruisseaux qu'elle a reçus dans sa route, entre à son tour dans le fleuve.

XII

Le grand chemin des gouttes d'eau (le fleuve).

Le fleuve, mes chers compagnons de voyage, c'est le rendez-vous des gouttes d'eau de toute une vaste étendue de pays. Elles y arrivent par les ruisseaux et les rivières, et s'y réunissent pour se rendre de compagnie à la mer. Les unes viennent de loin, d'autres viennent seulement des prairies qui bordent la rive. Les unes descendent des collines qui bordent l'un des côtés du bassin du fleuve, les autres descendent du côté opposé. Les unes ont bondi dans le lit des torrents ; les autres s'écoulent lentement des marais et des terres humides, par des canaux qui n'ont presque pas de pente.

Mais ne perdons pas de vue, chers amis, celle de nos gouttes d'eau qui, partie de la source, descend, avec des milliers de sœurs, dans le cours d'eau principal appelé fleuve, et se laisse glisser avec lui vers la mer.

Montons, pour suivre cette gouttelette, sur un des nombreux bateaux qui descendent tranquillement au fil de l'eau, tandis que d'autres remontent le courant avec effort. Ou, si vous êtes pressés, montons sur ce fin et léger bateau qui glisse droit et rapide comme une flèche, en laissant derrière lui une longue traînée de fumée noire.

« Ah! dites-vous, c'est le bateau à vapeur! »

—Justement. Et ce seul mot de vapeur nous dit que l'eau est encore pour quelque chose là dedans. En effet, c'est l'eau, réduite en vapeur par la chaleur du feu, qui fait tourner la belle machine au moyen de laquelle le bateau avance. Oui, c'est l'eau et le feu associés, qui nous entraînent, sans rames et sans voiles, avec tant de vitesse que nous laissons tous les autres bateaux en arrière.

Dans notre marche rapide nous voyons les rives fleuries qui semblent fuir dans un sens, tandis que c'est nous qui fuyons en sens contraire. Mais qu'aperçoit-on là-bas dans le lointain? Ce sont des toits amoncelés, des dômes d'édifices, des clochers d'églises. C'est une grande ville. Le bateau approche. Déjà on distingue les maisons.

Nous entrons dans le port : quelle quantité de bateaux ! A peine pouvons-nous trouver passage. Les uns arrivent, les autres partent; d'autres, rangés près du quai, chargent ou déchargent. C'est un mouvement, une foule ! Ce fleuve est comme une grande rue populeuse et animée.

En étudiant la géographie, mes chers compagnons, avez-vous remarqué que les plus grandes villes sont généralement bâties sur les rives d'un fleuve, ou tout au moins d'une grande rivière? Les noms de ces villes vous reviennent en foule à la mémoire. Paris et Rouen sur la *Seine ;* Orléans et Nantes sur la *Loire ;* Lyon sur le *Rhône ;* Bordeaux sur la *Gironde....* et quantité d'autres.

Savez-vous pourquoi cela? Vous le devinez sans peine : c'est que le fleuve, mieux encore que la rivière, sert au transport économique de toutes les marchandises de grande consommation, telles que la farine, les vins, bière, les matériaux de construction, le bois à brûler, le charbon de terre; enfin tout ce qui serait dispendieux à transporter sur des voitures, et qui arrive sur les bateaux, par les fleuves, lentement, mais presque sans dépense.

Le fleuve en outre fournit à une grande ville toute l'eau nécessaire aux besoins de ses habi-

Le fleuve traversant la grande ville.

tants, et à ceux de leurs industries. C'est pour toutes ces raisons que l'on a choisi, de préférence, le voisinage des fleuves et des rivières pour y bâtir les villes.

Déjà, en descendant le cours de la rivière , nous sommes passés devant plusieurs villes et villages sans y faire attention , parce que nous étions occupés d'autre chose. Mais en descendant le fleuve nous saluons la grande ville, industrieuse et commerçante.

Nous y remarquons les *quais*, sortes de digues construites en belles pierres taillées, beaucoup plus solides que les rives naturelles des cours d'eau. Sur ces quais on dépose les marchandises, soit pour les embarquer, soit en les débarquant. Nous passons sous les arches de grands ponts de pierre ou de fer. Nous ne nous arrêtons pas pour visiter la ville, car la goutte d'eau voyageuse que nous suivons ne s'arrête pas.... et nous passons comme elle.

Voici que nous avons traversé la ville, et que nous revoyons les champs. Les toits et les clochers semblent s'éloigner de nous. Ils deviennent de plus en plus gris et voilés. Dans un instant nous ne les distinguerons plus.

XIII

Le rendez-vous des gouttes d'eau (la mer).

Maintenant la ville est bien loin derrière nous. En suivant les détours que forme le fleuve, nous avons fait un grand nombre de kilomètres. Nous arrivons enfin à son embouchure. Ici les eaux du fleuve s'élargissent, s'étendent. Les eaux de la mer s'avancent à leur rencontre comme pour fraterniser. Puis toutes ces eaux s'unissent et se confondent, dans le sein immense de la mer.

Notre goutte d'eau voyageuse est entrée aussi dans cette profonde étendue, où elle est ballottée de ci, de là, par les vagues écumeuses. Elle est déjà loin du courant qui l'a amenée. La voilà en pleine mer ; que voit-elle? O surprise! ses sœurs qui y sont arrivées aussi, chacune par un chemin différent. Et les voilà toutes réunies dans cette mer où des cours d'eau les ont amenées, comme elles l'étaient dans la prairie, sur la feuille verte où la fraîcheur du matin les avait formées. La mer, l'Océan, est ainsi le rendez-vous de toutes les gouttes d'eau voyageant sur la terre, ou dans l'air!

Quelles aventures ces sœurs auraient à se raconter mutuellement, si elles pouvaient penser et parler! « Moi, dirait l'une, je suis tombée « du ciel par la dernière ondée. — Moi, dirait « une autre, je remonte du sein brûlant de la « terre. — Moi, dirait une troisième, je suis res- « tée longtemps emprisonnée sur un glacier. « — Et moi je me suis échappée, il y a huit « jours, d'une marmite dans laquelle une cuisi- « nière me faisait bouillir pour cuire ses légu- « mes. — Et nous voici, mes sœurs! — Oui, « nous voilà réunies à ces milliards de mil- « liards d'autres gouttes d'eau, nos sœurs, que « nous ne connaissions pas encore, et qui for- « ment cet Océan immense. — Quels voyages « nous avons faits depuis que, gouttes de rosée, « la chaleur du soleil nous a enlevées de notre « prairie natale! »

Mais pendant que nous faisons parler ainsi nos petites gouttes d'eau, il se fait en elles une transformation inattendue. Unies aux eaux sa- lées de la mer, elles se trouvent elles-mêmes pénétrées de sel. Alors, de douces, pures, agréa- bles au goût qu'elles étaient, les voilà devenues salées, amères, impossibles à boire! On ne peut plus s'en servir pour cuire les aliments, ni pour blanchir le linge; et si on y laisse tomber son mouchoir, on a beau l'étendre au soleil il ne sèche pas : le sel contenu dans l'eau s'oppose à tout cela.

« L'Océan est-il donc le terme de vos voyages, petites gouttes liquides, venues du ciel et de la terre? Allez-vous désormais rester inactives? Êtes-vous perdues pour nous? »

« — Non, répondraient-elles encore si elles
« pouvaient penser et parler; non, rien ne se
« perd, pas même une goutte d'eau. Chacune
« de nous sera à son tour vaporisée par la
« chaleur du soleil, s'élèvera dans l'air, re-
« tombera sur la terre, et recommencera ses
« voyages, en portant, partout où elle ira, la
« fraîcheur et la fertilité. Car si humbles que
« nous soyons, petites gouttes d'eau, filles
« du ciel et de l'Océan, nous sommes le sang
« de la terre, et nous devons circuler sans
« cesse dans votre air, dans vos champs et
« vos bois, pour y entretenir la vie. »

« — Que dites-vous là, petites gouttelettes? Expliquez-nous de quelle manière vous entretenez la vie sur la terre? »

Ecoutez bien, chers enfants, vous allez le savoir.

————

XIV

Le réservoir salé (courants marins).

Qu'elle est grande la mer ! On dirait qu'elle n'a point de bornes. Aussi loin que la vue peut s'étendre en avant, on ne voit que de l'eau ; et à droite encore de l'eau ; et à gauche toujours de l'eau !

Des vagues se forment, viennent vers nous, puis encore des vagues, et toujours, et partout. Des vagues bleues ou grises, tantôt légères et arrondies, fuyant doucement ; tantôt énormes, furieuses, écumantes, s'élevant, puis s'écroulant avec fracas.

Et au-dessus de tout cela, le ciel.

C'est la pleine mer !

La terre a disparu dans le lointain ; seulement, parfois, on aperçoit un navire : il s'approche, il passe, s'éloigne, et bientôt ne paraît plus qu'un point sur la vaste étendue. L'Océan est trois fois aussi vaste que le sont ensemble tous les continents qu'il entoure. Il est le

La pleine mer.

grand *réservoir des eaux*, où tous les fleuves descendent, apportant celles des rivières et des ruisseaux de toute la terre.

Mais n'allez pas croire que les eaux réunies dans cet immense réservoir y restent inactives, jouant ou courant les unes après les autres, sans but et sans motif. Non : ces eaux circulent et travaillent.

De larges courants les entraînent d'une extrémité à l'autre de l'Océan, et les font passer sans cesse, des environs de l'équateur, aux environs des pôles. En passant près de l'équateur, où il fait très-chaud, la masse des eaux s'y échauffe; puis, se dirigeant vers les pôles, elle emporte cette chaleur avec elle, et adoucit un peu la rigueur des pays glacés dont elle baigne les côtes.

Refroidie alors elle-même, l'eau est ramenée, par le courant, des pôles vers l'équateur, où elle se réchauffe de nouveau pour recommencer le même voyage.

Nous ne pouvons plus suivre nos gouttes d'eau dans l'Océan, mais nous savons maintenant quelque chose de leur destinée. Elles seront entraînées par les grands courants dont la marche est lente, et continue. Elles feront des voyages immenses : elles verront successivement les zones brûlantes et les pays glacés. En passant le long des côtes, elles feront leur part imperceptible dans le grand travail de la mer, qui modifie la forme des rivages.

Peut-être, en voyageant près des pôles, là où la mer, devenue immobile à sa surface, forme comme de vastes plaines de glace, une de nos sœurs se trouvera encore une fois saisie par la gelée, et retenue captive pendant des années, des siècles, au milieu des montagnes de glaces.

Celles qui échapperont à cet accident reviendront nous fournir à boire, et voici comment.

De l'étendue immense des mers, surtout dans les régions chaudes, il s'élève des vapeurs comme il s'en élève de la terre. Ces vapeurs forment de l'eau pure, quoique la mer soit salée, parce que l'eau seule peut se vaporiser, et non le sel qui reste en bas. Ces vapeurs d'eau, débarrassées de sel, montent donc là-haut, et forment des nuages. Les nuages sont poussés au loin par les vents, et en passant au-dessus des continents ils tombent en pluie sur la terre.

Ainsi les eaux de l'Océan viennent arroser nos champs et nos prairies : ce que la terre donne aux mers par les fleuves, la mer le lui rend par les nuages. La chaleur du soleil fait circuler l'eau à travers les airs, les montagnes, les fleuves, et les mers, comme notre cœur fait circuler le sang à travers nos artères et nos veines. C'est pourquoi nous disions tout à l'heure que l'eau est le sang de la terre.

Quel admirable arrangement! Grâce à lui, rien n'est perdu, rien n'est inactif dans l'univers, pas même une petite goutte de rosée.

FIN.

TABLE DES MATIÈRES.

GRAMMAIRE

PHONÉTIQUE.

ÉTUDE DES MOTS ET DE LA PHRASE.

LECTURES ET DICTÉES

FIN DE LA TABLE DES MATIÈRES.

PARIS. — TYPOGRAPHIE LAHURE

Rue de Fleurus, 9

COURS D'ÉDUCATION ET D'INSTRUCTION PRIMAIRE

comprenant les matières des nouveaux programmes

(pour les enfants des deux sexes de 5 à 14 ans)

A L'USAGE DES ÉCOLES ET DES FAMILLES

Les volumes de ce Cours sont imprimés dans le format grand in-18, contiennent des illustrations intercalées dans le texte et se vendent cartonnés.

Deux éditions ont été publiées simultanément, l'une à l'usage des filles, l'autre à l'usage des garçons; avoir soin de désigner dans les demandes l'édition spéciale que l'on désire recevoir.

Ce Cours est divisé en trois périodes:

1ᶜ *Élémentaire* — 2ᵒ *Intermédiaire* — 3ᵒ *Supérieure*

COURS ÉLÉMENTAIRE

PREMIÈRE ANNÉE.

1° **Manuel de l'Instituteur,** comprenant : l'Exposé des principes de la pédagogie et le guide pratique de la première année. 1 volume. 2 fr. 50

2° **Enseignement de la lecture,** à l'aide du procédé phonomimique de M. Grosselin. 50 c. *Tableaux* (30) reproduisant la méthode. 3 fr.

3° **Petites lectures morales; premières notions de grammaire.** 50 c.

4° **Premières notions d'arithmétique, de géométrie et du système métrique.** 50 c.

5° **Premières notions de géographie et d'histoire naturelle.** 75 c.

DEUXIÈME ANNÉE.

1° **Manuel de l'Instituteur,** comprenant : le développement des principes pédagogiques, et le guide pratique de la deuxième année. 2 fr. 50

2° **Lectures morales et instructives ; grammaire.** 1 vol. 1 fr.

3° **Arithmétique; géométrie; système métrique.** 1 fr.

4° **Géographie ; premières notions sur quelques phénomènes naturels.** 1 vol. 75 c.

5° **Histoire naturelle; leçons préparatoires à l'étude de l'hygiène.** 1 fr.

TROISIÈME ANNÉE.

1° **Manuel de l'Instituteur,** guide pratique de 3ᵉ année. 2 f. 50

2° **Grammaire accompagnée d'exercices; lectures et dictées.** 1 fr. 50

3° **Arithmétique; géométrie; système métrique.** 1 fr. 50

4° **Premiers éléments de Cosmographie; Géographie.** 1 fr. 50

5° **Notions préliminaires à l'étude de l'histoire.** » »

6° **Histoire naturelle; hygiène.** » »

Les volumes de la 4ᵉ *année* sont sous presse.

Typographie Lahure, rue de Fleurus, 9, à Paris.